Wurzeln der Kriminalität

MENSCHEN HELFEN ENTFERNEN die Blinker und einige Risse in der Wand .

KAPITEL EINS : SOKRATISCHE FRAGEN IN BROADMOOR .

" Psychopathen " sind an der Spitze. Das Werkzeug meisten zur Diagnose

" Antisocial Personality Disorder " ist eine Skala als " Hare

Psychopathie-Checkliste ", die von der kanadischen Psychologen Robert D. entwickelt

Hare . Es ist e n Cutoff -Score über den Sie die Diagnose gegeben werden

der antisozialen Persönlichkeitsstörung . Und innerhalb dieser Diagnose, wenn man

erreichen die sehr hohe Punktzahl von 30 Sie die weitere Diagnose gegeben werden

" Psychopathie " . Etwas, oft über die Psychopathen genannt , sagte

und durch die Erweiterung um die anderen in der breiteren Kategorie , ist, dass

ihnen fehlt ein Gewissen .

Dieser Anspruch ist faszinierend. Gibt es wirklich Menschen, die völlig fehlen

ein Gewissen? Wenn ja, wie kommt es dazu ? Sind sie geboren

etwas fehlt? Oder muss etwas geschehen , um sie zerstört , dass

ihr Gewissen ? Am wichtigsten ist , was bedeutet es, zu sagen, dass

sie " fehlt ein Gewissen " ?

Ethik ist immer noch gelehrt

nach der Methode von Sokrates erfunden . Das beginnt mit der Frage, die Menschen über

ihre Vorstellungen über Recht und Unrecht, drücken sie denen sagen,

Überzeugungen mit maximaler Klarheit und Deutlichkeit . Dann sind sie

herausgeforcert , ihre Ansichten in das Gesicht der Gegenbeispiele zu verteidigen und

Gegenargument . Der Student wird in eine Reise der geschoben

Selbsterforschung , anstatt durch die gegebene " Antworten "

Lehrer. Einige Schüler , die, die denken gelehrt wird gegeben

Informationen oder Schlussfolgerungen zum Mitnehmen, werden durch diese verwirrt und Zweifel ist , dass sie richtig gelehrt. Sei es wie es sei , der Lehrer

lernt viel über die Schüler , vor allem über die sehr unterschiedlichen

Strukturen der moralischen Überzeugung und Stilen moralisches Denken , dass Menschen

haben . Dies umfasst sehr unterschiedliche Ansichten darüber, was es zu geführt werden soll

durch das Gewissen .

Zu sagen , dass Menschen mit antisozialen Persönlichkeitsstörung fehlt ein

Gewissen kann eine oder mehrere der mehrere Dinge bedeuten. Es könnte bedeuten,

dass sie fehlt jede Empathie für andere Menschen : dass sie sich nicht vorstellen können

wie andere Menschen fühlen. Oder es könnte bedeuten, dass sie keine Sympathie : dass

können sie die Gefühle , zum Beispiel, die sie verletzt vorstellen, aber

kümmern sich nicht um sie . Es könnte bedeuten, dass sie nicht das Gefühl, Schuld. es

könnte sein, dass sie nicht über gewisse moralische Konzepte, wie " grausam " ,

"Unfair ", " unehrlich ", " Rechte " oder " egoistisch " . Oder es könnte bedeuten, dass

es fehlt ihnen ein Gefühl der moralischen Identität : eine Vorstellung von der Art von

Person, die sie sind, oder für die Art von Person, die sie zu sein hoffe , zusammen

mit einem Satz von Werten Führungs dieser Konzeption . Es schien, dass die

Gewissen und Gewissenlosigkeit dieser Gruppe von Menschen war ein

Zukunftsfeld für die Untersuchung.

Dr. Gwen Adshead , ein Psychiater, der in Broadmoor Krankenhaus arbeitet , hat

viele Patienten mit der Diagnose der antisozialen Persönlichkeitsstörung .

Sie und ich haben wir ein Interesse an ihrer Moral oder Mangel an ihm geteilt ,

und wir gemeinsam ein Projekt entwickelt, um diese Fragen zu untersuchen, in

einige der in Broadmoor mit dieser Diagnose .

Gwen Adshead führte eine Reihe von Interviews , letztlich auf der Basis

Carol Gilligans Idee einer " Ethik der Fürsorge " , sondern in eine angepasste

Ermittlungswe-kzeug , der " Ethik der Fürsorge Interview" , die von Dr. Eva Skoe .

Der Kern davon ist die Einschätzung der Menschen Antworten auf moralische

Dilemmata durch kurze Geschichten vorgestellt.

Ich habe eine Reihe von Interviews , um zu versuchen , die Moral der Menschen zu untersuchen und

Werte mittels Fragen bezogen auf jene, die zur Ethik lehren .

Teilweise als Hommage an den Erfinder der Ansatz, aber vielleicht mit ein

Hauch von Überheblichkeit , rief ich diese Serie " die sokratische

Interviews " . Dieses Konto Berichte über diese " sokratische " -Interviews. zu

führen sie , werde ich ein wenig über antisozialen Persönlichkeitsstörung sagen

und dann skizzieren Sie kurz den Inhalt der Interviews und die Führung

Fragen hinter ihnen.

1 . Antisozialen Persönlichkeitsstörung .

Als psychiatrische Kategorie ist Persönlichkeitsstörung wichtig und

frustrierend. Es gibt verschiedene Persönlichkeitsstörungen. Listen variieren ,

aber die meisten sind narzisstische Persönlichkeitsstörung , schizoide

Persönlichkeitsstörung , Borderline-Persönlichkeitsstörung und Antisocial

Persönlichkeitsstörung . Definitionen von jedem von diesen eher vage.

Typische Definitionen der allgemeinen Kategorie der " Persönlichkeitsstörung "

siehe " tief verwurzelt , maladaptive Verhaltensmuster, die

verursachen Not zu denen, die sie haben oder andere. " (CHECK UND ZITAT

HIER ODER VON DSM ICD).

Solche Konten erfassen etwas wichtig, aber sie sind voll von

Probleme . Das Wort " unpassenden " klingt wissenschaftlich, vielleicht wie ein

Idee aus darwinistischen Überlebens abgeleitet . Aber es hat auch eine beunruhigende

Vorschlag nicht gut mit vorherrschenden sozialen Normen passend . hierauf

Basis , zu verschiedenen Zeiten , ein Dissident in der Sowjetunion, ein

Atheist in Saudi-Arabien oder ein Kommunist in den Vereinigten Staaten könnte

für eine Persönlichkeitsstörung zu qualifizieren jemand . " Maladaptive " , auch

in wörtlicher Darwinschen Sinne , nicht in der förderlich für das Überleben

in einer bestimmten Umgebung , noch umfassen kann zu viel. tief

Tapferkeit tief verwurzelt in einem Feuerwehrmann kann nicht förderlich für das Überleben sein .

Und Sokrates hatte die tief verwurzelte Gewohnheit, Fragen zu stellen,

unruhigen Menschen, eine Angewohnheit , die schließlich zu seinem Tod führte .

Solche Definitionen sind eindeutig zu viel. Aber das kann reflektieren

Psychiater philosophische Fähigkeiten , anstatt ihre Diagnose diejenigen.

Die Definition " : Es kann etwas in der Anspruch manchmal gemacht werden

kann nicht gut sein, aber Sie erkennen, wenn Sie ihn sehen . " Es scheinen

um Menschen , nicht der Brandbekämpfung oder Sokrates - dessen Persönlichkeit scheint sein

bis zu einer so extremen Maße, dass es ruiniert durcheinander ihre

Beziehungen und ihr Leben. Sie präsentieren Schwierigkeiten, die beide

konzeptionelle (sollte diese zählen als eine " Störung " durch behandelt werden

Psychiater ?) und praktisch (gibt es wirksame Möglichkeiten, um ihnen zu helfen,

ändern?) .

Antisoziale Persönlichkeitsstörung , bei der schweren Ende,

Psychopathie ist das Erbe einer verworrenen Geschichte der moralischen , rechtlichen und

psychiatrische Konzepte , einschließlich derjenigen, die von der neunzehnten markiert

tige Jahrhundert " moral insanity " und die frühen zwanzigsten Jahrhunderts Begriffe

" Verfassungs psychopathische Minderwertigkeit " und " Soziopath " . (betreffend

Millon , SIMONSEN UND Birket -Smith .) Die moderne Konzeption einer

Psychopath wurde stark von Harvey Cleckley , der war ein beeinflusst

Professor für Psychiatrie an der Universität von Georgia Medical School Er

auf den Psychopathen unter seinen Patienten in The Mask of Sanity berichtet ,

Ein Versuch, e nige Fragen über die sogenannte Psychopathische klären

Personality (zuerst im Jahre 1941 veröffentlicht wurde, mit erheblichen neu aufgelegt

Revisionen im Jahr 1950 mit weiteren Revisionen bis zum posthumen fünften

Ausgabe in 1988).

Cleckleys Ahnung (obwohl er wusste, dass er fehlte Beweise zu unterstützen) war

dass Psychopathen wurden so geboren : "Immer habe ich zu kommen

glauben, dass einige subtile und tiefgreifenden Defekt in den menschlichen Organismus ,

wahrscheinlich angeboren , aber nicht erblich, spielt die Hauptrolle in der

rätselhafte und spektakuläre Scheitern Psychopathen das Leben zu erfahren

normal und eine Karriere für die Gesellschaft akzeptabel " tragen. (betreffend

TO Cleckley hat SEITE 403). Sein Buch zwei Seiten, eine Beeinflussung

beliebten Stereotypen und Legenden über Psychopathen und anderen

Einfluss psychiatrischen Denkens.

Cleckley hatten viele der Vorurteile seiner Zeit und Ort. Sein Buch

enthält Angriffe auf modernen " Freizügigkeit " und auf " Intellektuelle und

Ästheten "für ihre Vorliebe für " was allgemein als pervers angesehen ,

mutlos oder angewidert unverständlich " . Was sie enthalten mochte

die Schriften von Gide (die " offen besteht darauf, dass Päderastie ist die

überlegen und bevorzugte Weg des Lebens für heranwachsenden Jungen ") und Joyce

(" Eine Sammlung von gelehrten Kauderwelsch für die meisten Menschen nicht zu unterscheiden

aus der von Hebephrene Patienten auf die erzeugte vertraut Wortsalat

Back Stationen eines Staates Krankenhaus "). (Verweis auf Cleckley , Seite 7).

In seiner Beschreibung eines seiner männlichen Patienten, die mit oralen Sex hatte vier schwarze Männer , Cleckleys Missbilligung nicht , ob der Fokus

Männer Zustimmung echt war , sondern vor allem von der Wahl der seines Patienten

Partnern. Der Mann " auf der Vorstellung der Kommissionierung bis vier Negro Männer schlagen

die in den Bereichen nicht weit von seinem Wohnort gearbeitet . In einer Ortschaft

wo der Ku -Klux-Klan (und seine bekannte Haltung) zu der Zeit

genossen ein gutes Stück von der Popularität, diese intelligente und in einigen

Hinsicht unterschieden junge Mann zeigte keine Skrupel unter

aus dem Feld diese ungewaschenen Arbeiter , die er in den Rücken verborgen

eines Pickup-Trucks , mit ihm in einem bekannten Ort der Liebes

Rendezvous ... Obwohl er äußerte Bedauern und sagte, sein Streich war ganz

ein Fehler, schien er völlig frei von jedem tiefen Verlegenheit. "

(Verweis auf Cleckley , SEITE 361).

Cleckley geholfen zu erstellen oder zu verewigen das beliebte Klischee des

Psychopathen als wirklich kein Mensch, ein satanisches Monster versteckt sich hinter der

Maske der Vernunft. Dies ist "die exquisit trügerische Maske der

Psychopathen " , die außergewöhnliche Einrichtung und Charme nutzt, um als eine Pose

normale Person . " Wir haben es hier nicht mit einem vollständigen Menschen überhaupt, aber

mit etwas, das ein subtil aufgebaut Reflex Maschine schlägt die

kann die menschliche Persönlichkeit perfekt zu imitieren. Dieses leichtgängige

psychischen Apparat reproduziert konsequent nicht nur Proben von guten

menschlichen Vernunft , sondern auch entsprechende Simulationen der normalen menschlichen

Emotion als Reaktion auf fast alle die vielfältigen Reize des Lebens. so

perfekt ist die Reproduktion eines Ganzen und normalen Menschen , die niemand, der

untersucht, ihn in einer klinischen Umgebung kann in der wissenschaftlichen darauf hinweisen, oder

objektiv , warum oder wie, er ist nicht real ... Der Psychopath , aber perfekt imitiert er den Menschen theoretisch , das heißt , wenn er spricht

für sich selbst in Worten, nicht ganz , wenn er in der gesetzt

Praxis der tatsächlichen Lebens . " (Hinweis auf Cleckley , SEITEN UND 369-370

383).

Unter Psychiater, hat Cleckleys Einfluss nicht über die seit

Monster hinter der Maske , sondern kommt aus seiner kraftvollen Beschreibungen der

das Verhalten einiger seiner psychopathischen Patienten .

Eine denkwürdige Fall war " Milt " , der 19 war, als er im Krankenhaus ankam.

Er hatte eine Menge Dinge getan unsozial . Wenn für sie kritisiert , er

gemacht charmante Entschuldigung, aber nie schien wirklich zu schätzen, die

Schwere , was er getan hatte, und auf die gleiche Weise durchgeführt. ein

Vorfall war, als er seine Mutter Fahrt zurück aus dem Krankenhaus nach

ihre große Operation . Das Auto brannte eine Sicherung und brach in der Mitte des

eine sehr lange Brücke. Bei Dunkelheit fallen , Milt Satz auf zu einem Spaziergang

Garage eine halbe Meile entfernt , um eine Sicherung zu erhalten. Er sagte, er würde eine Fahrt zu bekommen und

werden in weniger als fünfzehn Minuten. Nach einer Stunde seine verstörten

Mutter gelungen, eine Fahrt nach Hause zu bekommen. Sie nannte Krankenhäuser, um zu sehen, ob Milt

hatte einen Unfall hatte .

Auf dem Weg zur Garage, er bei einem Zigarrengeschäft für 10-15 aufgehört hatte

Minuten, um Fußball-Ergebnisse zu überprüfen. Dann auf ein Mädchen leben , rief er

Nähe und plauderte nebenbei für eine Stunde. Die ganze Zeit erinnerte er sich

seine Mutter wartete. Als er schließlich das Auto gesammelt und kam

Hause, wurde er mit seiner Mutter für die nicht gewartet zu überqueren. Er zeigte " ein

fad Immunität gegenüber einer Anerkennung , dass er verantwortungslos oder benommen hatte

rücksichtslos " . (Verweis auf Cleckley , SEITE 161).

Cleckley verwendet diese und andere Fallbeschreibungen auf, eine Liste der

die charakteristischen Merkmale von Psychopathen . Dazu gehörten

oberflächlichen Charme , Unzuverlässigkeit , Unaufrichtigkeit , Mangel an Reue ,

Egozentrik , emotionale Armut, und das Versäumnis, keine Lebens folgen

Plan. Das Profil der " Cleckley Psychopath " ist der Ursprung des

aktuelle Ansätze zur Diagnose, einschließlich der Hare- Psychopathie

Checkliste .

In der Psychopathie-Checkliste unterscheidet Hase zwei " Faktoren " , die

sind stark miteinander korreliert sind , haben jedoch unterschiedliche

Muster der Inter- Korrelationen mit anderen Variablen . Ein Faktor

repräsentiert die typisch für das Syndrom Charaktereigenschaften: " egoistisch,

gefühllose und unbarmherzige Verwendung von anderen ". Zwei -Faktor spiegelt sozial

abweichendes Verhalten : " chronisch instabilen , antisozial und sozial

abweichenden Lebensstil " . Wenn die Diagnose , ein Psychopath soll

Anti -soziales Verhalten zu erklären , vermutlich Factor Man tut den meisten

die Aufklärungsarbeit , wie Zwei -Faktor kaum über Auflistung erhält der

Verhalten zu erklären. Und die Persönlichkeitseigenschaften von Faktor One

relevanter sind , Fragen über das Gewissen. Die Elemente in Faktor

One sind Zungenfertigkeit und oberflächliche Charme, ein grandioses Gefühl der

Selbstwert , pathologischen Lügen , Betrügen und manipulativ ist , der Mangel

Reue oder Schuldgefühle , flache Emotionen, als gefühllos und ohne

Empathie, und dass die Verantwortung für das eigene Handeln zu übernehmen .

(Verweis auf Robert D. Hare : DER HASE Psychopathie-Checkliste

- Revidiert.)

Es gibt Fragen, wie Menschen am Ende mit der Diagnose einer

anti-sozialen Persönlichkeitsstörung . Die, die ich traf, waren in Broadmoor als

ein Ergebnis von zwei Dingen: einer Straftat eine große Kriminalität und gewesen

wie mit einem psychiatrischen Problem und nicht als eine "normale " bewertet

Straf benötigen Strafe. Es gibt Fragen, wie weit sie

unterscheiden sich von rücksichtslosen Menschen im gewöhnlichen Leben , die zu bekommen, zu verwalten

ihren Weg entweder ohne Verbrechen zu begehen oder aber , ohne sich

gefangen . Wie stehen sie im Vergleich mit einigen der Politiker, Geschäftsleute,

Medienmagnaten, der Leiter der wissenschaftlichen Einrichtungen , Wirtschaftskapitäne

und andere, die kann auch manchmal lügen , gefühllos , manipulativ

Charmeure m t einem grandiosen Sinn für Selbstwertgefühl und wenig Reue ? und

wie stehen sie im Vergleich mit denen, die ähnliche Verbrechen begangen haben, aber

, die ins Gefängnis und nicht gesendet werden, um Psychiater sehen?

2 . AMORALISTS ?

Eine naheliegende Frage ist, wie weit jemand mit dem Rekord von antisozialen

Faktor Zwei , kombiniert mit der glib , Steuer , gefühllose Persönlichkeit

Factor Man sollte als mit einer " Störung " nicht nur als qualifiziert

moralisch schlecht. Könnte der Mensch mit antisozialen Persönlichkeits

Störung sich als die "rational Amoralist " , die verfolgt werden

philosophische Bücher über Ethik?

Zumindest so weit zurück wie Plato , Philosophen schreiben über Ethik

immer wieder versucht, die Herausforderung anzunehmen , um überzeugende Gründe, warum

jeder sollte über die Ansprüche der Moral stören. Einer dieser Form

Herausforderung nimmt, ist die Nachfrage nach Argumenten, die zu widerlegen, wird die

Amoralist . Aber das theoretische Konstrukt der " Amoralist " , stellt sich heraus,

um ein rutschiger Zeichen sein.

Die einfache Version des Amoralist ist jemand völlig eigennützigen

vorbereitet und rücksichtslos auf alle anderen mit Füßen treten . Aber weil

Gesellschaft bis zu Menschen aus so verhalten abzuschrecken, eine rationale eingestellt

Amoralist müssen in schweren Verkleidung zu betreiben. Um rechtliche vermeiden

Bestrafung oder soziale Ächtung , muss ein Eigeninteresse Person mindestens

versuchen, "pass " als jemand, der die Interessen der anderen respektiert .

Was auch immer die Grundhaltung , zumindest geringer wird das Verhalten

einer Bedrohung . Eine zweite Änderung ergibt sich, wenn die Amoralist hat

gewöhnlichen menschlichen Wünsche für Beziehungen. Die tiefsten Beziehungen

sind mit in einem Geist näherte unvereinbar eigennützige

Berechnung. So einige emotionale Beteiligung , mit bestimmten anderen

Menschen können einige Risse in der Barriere gegen Altruismus zu machen.

Als Ergebnis dieser Änderungen gibt es eine Reduktion auf die

konzeptionellen Kern der Amoral . Die reine " konzeptionelle " Amoralist kann nicht

egoistisch . Er kann oft kümmern uns um andere Menschen und wirken auf sie

mit Wohlwollen und sogar Großzügigkeit. Aber er tut dies, weil er

will , nicht wegen irgendwelcher Gedanken , dass er so oder zu tun sollten

moralischen Verpflichtungen . Mit "Moral" Verwendung von Worten wie " sollte " konfrontiert,

"Rechts", "falsch" , "Pflicht ", " Verpflichtung " , wird er wie Oscar Wilde reagieren

tat, wenn gefragt, ob er patriotisch war : " Patriotismus ist nicht eine meiner

Worte " .

Ein Ziel dieser Gespräche war es, wie weit Menschen mit antisozialen sehen

Persönlichkeitsstörung zu tun oder nicht mit einem dieser Typen konvergieren

von Amoralist .

3 . Dem Interview Fragen und die moralischen Schranken .

Die Leute interviewt hatte alles getan, einige schreckliche Dinge . die

Interview Plan ging von einem Rahmen, den ich für die bisherige Arbeit weiter verwendet

die Psychologie des Menschen in einigen der großen zwanzigsten beteiligt

Gräueltaten Jahrhunderts. Nachdenken über Auschwitz , den Gulag , Hiroshima oder

der Völkermord in Ruanda , gibt es eine offensichtliche Frage: Wie können die Menschen

haben sich gebracht, um solche Dinge zu tun ? Ich näherte mich dies mit der Frage,

über die Einschränkungen im täglichen Leben , die die Menschen verhindern

foltern oder töten einander . Ich schlug vor, eine Reihe von Beschränkungen und

dann fragte, was sie in Nazi-Deutschland , Ruanda und anderen geschehen war

Stellen. Diese Interviews versucht, eine ähnliche Strategie . Wenn die Menschen

Ich interviewte ihre schrecklichen Verbrechen begangen , waren die normalen

Beschränkungen, die von anderen Dingen überfordert ? Wenn ja, wie sie waren

überfordert und durch was? Oder waren diese Menschen, ohne die normale

Stützen ? So oder so, was sich in ihnen ? Wie haben sie denken,

über das, was sie tun oder lassen sollte ?

Was sind die Faktoren, die die meisten der Zeit, zurückzuhalten Menschen aus

Grausamkeit , Gewalt und Mord ? Ein offensichtlicher Faktor ist Eigennutz .

Der Tod von einem Wettbewerber rentabel sein können . Angriff auf einen Gegner

vielleicht psychologische Befriedigung zu geben. Aber die Gesellschaft ist in eine organisierte

Weise beabsichtigt die Kosten zu hoch zu machen. Normalerweise für rationale

Selbst Interessenten werden solche Versuchungen durch das Risiko der überwogen

soziale Schande und der langfristigen Freiheitsstrafe .

Natürlich, für die meisten Menschen ist eigennützige Berechnung nicht der

ganze Geschichte. Platons genial einfache " Ring des Gyges " Gedanken

Experiment wurde entwickelt, um dieses heraus zu bringen. Wenn Sie einen Ring , die gemacht hatte

Sie unsichtbar, so dass Verbrechen nicht von Strafe verfolgt werden und

Schande , würden Sie keinen Grund , nicht zu stehlen , nicht zu vergewaltigen oder nicht haben

zu Menschen, die Ihnen entgegenwirken angreifen? Der Ring des Gyges ist eine Herausforderung

zu buchstabieren die moralischen Ressourcen, die wir haben : die Rückhalte Motive, die

sind nicht nur eigennützig .

Diese moralischen Beschränkungen werden in unserer Psychologie verwurzelt. Zentral unter

sie sind , was " die menschlichen Reaktionen " bezeichnet werden. Wir sind in der Lage,

Gefühl, Mitgefühl für andere Menschen. Obwohl die Reaktion kann

abgestumpft oder übersteuert , können wir von jemand Freude oder begeistert sein

von ihrem Leiden beunruhigt . Und wir haben eine Tendenz, andere zeigen

Menschen zu respektieren . Auch hier kann die Antwort abgestumpft oder übergangen . aber

das Gefühl, die meisten von uns der Würde anderer Menschen ist eine Barriere

gegen zu demütigen . Wir sind entsetzt , jemanden angespuckt zu sehen

auf . Diese menschlichen Reaktionen der Sympathie und Respekt sind verknüpft

Empathie : unsere Vorstellung , wie es ist für jemanden, der

Erfahrung Leiden oder Demütigung .

Ein weiterer wichtiger moralischer Zurückhaltung ist unser Gefühl für unsere eigene moralische Identität.

Die meisten von uns haben eine Idee für die Art von Person, die wir sind . Wir manchmal

ein Bild von der Art der Person, die wir möchten , zusammen zu sein ,

mit Werten, die das Bild prägen. Auch wenn das Bild nicht gut

ausgearbeitet oder teilweise bewusstlos , kann es als eine moralische funktionieren

Zurückhaltung. Wir können zumindest die Art von Person, die wir nicht wissen wollen,

sein, und das kann uns zurückhalten, von der Arbeit in den Waffenhandel oder

zu einem TV- Evangelisten .

Die Fragen wurden entwickelt, vor allem zu sehen , wie weit diese moralische

Stützen waren in den Männern, die ich interviewt vorhanden . Um das zu machen

Fragen wie bedrohlich wie möglich vermied ich fragen: " haben Sie

ein Gefühl für Recht und Unrecht ? "Statt über das, was sie wollten , fragte ich

Kindern über Recht und Unrecht. Ich fragte auch, ob , wenn sie

Auto gefahren , hätten sie in einem "deaktiviert" Platz zu parken, und was ihre

Gründe waren für tun oder nicht zu tun. Wo sie sagten, sie würden nicht

parken in der Behinderten Raum , der Follow- up-Frage über Gründe könnten

tippen Sie in ihrem eigenen Interesse : "Ich würde nicht wollen, Rad - geklemmten bekommen "

oder " es könnte unangenehm sein , wenn die Menschen aufgefallen ." Aber es war auch die

Möglichkeit zu finden, einige der moralischen Ressourcen : Sympathie für

behinderte Menschen , die Achtung ihrer Rechte oder auch das Gefühl der moralischen

Identität : "Ich möchte nicht die Art von Person, die so gemein war sein

als das zu tun . " Einige Fragen wurden bestimmt ihren Sinn für erkunden

moralische Identität : " Wie würden Sie die Art von Person, die Sie denken, beschreiben

du bist? Haben Sie eine Vorstellung von der Art von Person, die Sie gerne

sein? "Sonstige untersucht, ob es Dinge gab, die ihnen das Gefühl gemacht

schuldig. Andere erkundet ihr Verständnis von moralischen Begriffen wie

Fairness.

Die befragten Personen hatten alle eine Diagnose der antisozialen Persönlichkeits

Störung. Sie hatten auch von mindestens einer schweren Straftat verurteilt worden

wie Mord oder Vergewaltigung. Vor den Interviews, die ich vermeiden , herauszufinden,

welche Verbrechen sie begangen hatten , da ich nicht meine Antworten wollen und

Ansicht von ihnen von dieser Kenntnis vorgespannt werden. Und während der Interviews

Ich habe nicht gefragt , was ihnen ihre Verbrechen gewesen war. (Manchmal werden sie

diese Informationen freiwillig , ohne gefragt .) Aber, um zu erkunden ihre Fähigkeit zur Empathie und Sympathie , habe ich Fragen stellen

entlang der Linien von "Wenn man tat, was es war, haben Sie sich vorstellen, wie

die Menschen, die Sie verletzt gefühlt? Könnten Sie sich vorstellen, wie sie sich gefühlt ? Wussten Sie

egal wie sie sich gefühlt ? "

Diese Interviews sind ein Stück " qualitative Forschung ", ein Begriff, der oft

kontrastiert mit " quantitative Forschung " . Da die Fragen sind nicht

bei "Ja" oder "Nein "-Antworten ab, sondern sind offene , diese Interviews

sich nicht um quantitative Ergebnisse zu verleihen. Das Ziel war eine

intuitives Verständnis davon, wie die Mitglieder der Gruppe zu Recht denken,

und falsch, über sich und ihre Werte . Die intuitive

Verständnis kann vielleicht mit der eines Historikers zu versuchen, verglichen werden

eine Vorstellung von dem, was Asquith war wie aus seinen Briefen , oder versuchen,

bekommen ein Gefühl für den Geist von Hitler aus den Aufzeichnungen seiner Tischgespräche .

Solche Dokumente können sich auf numerische Analyse nicht leihen , aber

noch können sie Verständnis des Historikers zu helfen.

Ein Stück der qualitativen Forschung werden oft Fragen aufwerfen , dass

erfordern quantitative Forschung. In dieser Studie , zum Beispiel, diese

Interviews wurden nicht auch zu einer Kontrollgruppe gegeben . Wir haben überlegt tun

diese , sondern gegen entschieden . Als Kontrollgruppe mussten wir konnten ein

Gruppe von Studenten , eine Gruppe von Menschen in eine psychiatrische Klinik mit

andere Diagnose , eine Gruppe von Soldaten , eine Gruppe von Krankenschwestern, oder eine

Gruppe von Menschen im Gefängnis. Verschiedene Kontrollgruppen generieren würde

sehr unterschiedliche Sätze von Ähnlichkeiten und Gegensätze. Jeder mögliche

Kontrollgruppe würde den Schwerpunkt der Studie in ein gekippt haben

andere Richtung. Mit einer Kontrollgruppe erlaubt hätte

Messung, aber wir dachten, die Vorteile dieser hätte

durch den Kippeffekt überwogen . Wir wollten ein umfassendes Bild von dieser

Gruppe, nicht in erster Linie ein Bild der jeweiligen Gegensätze zwischen ihnen

und , sagen wir , Studenten .

Aber das Bild wird Fragen, deren Antworten erfordern erhöhen

vergleichende und quantitative Methoden . Unsere Befragten waren

psychiatrischen Patienten . Sie wurden auch verurteilt Gewalttäter . sie

hatte auch die Diagnose der antisozialen Persönlichkeitsstörung . zu

stellen die markanten Beitrag ihrer Diagnose , was sie

das würde natürlich quantitative Vergleiche mit den in

die anderen Kategorien , ohne die Diagnose. Das Bild hier ist eine

skizzieren . Es soll teilweise , um eine intuitive Gefühl für eine Gruppe von Menschen geben,

deren eigene Sicht der Dinge ist nicht viel verstanden und teilweise auf

deuten darauf hin, Hypothesen, die in zukünftigen Studien getestet werden kann .

Die Interviews wurden "semi- strukturiert " . Das heißt, eine Reihe von Standard

Fragen an Ort und Stelle war , aber es war nicht starr eingehalten werden. Das Ziel war

etwas mehr Konversation . Informa um Menschen zu sein,

mehr demnächst. Und wenn jemand sagte etwas Interessantes , fühlte ich mich

frei, um es unabhängig von dem ursprünglichen Plan zu verfolgen. Dies machte die

Interviews auch weniger anfällig für die Quantifizierung , aber ich hoffe, dass diese

Nachteil hat sich als durch das Interesse von dem, was aufgewogen werden

sagte.

KAPITEL ZWEI Die Konturen einer moralischen Landschaft.

MORAL UND T EFE Oberflächlichkeit .

Ein Thema der Fragen war, über welche Art von Dingen falsch sind, und was macht sie so . (In der Regel in Bezug auf was sollten Kinder setzen

vermittelt werden , in einem Versuch, die Frage weniger bedrohlich zu machen oder

beschuldigen .) Das in die große Auswahl unter den Gewinde Frage

Befragten auf einem Kontinuum zwischen dem, was moralisch " Tiefe " genannt werden

und " Oberflächlichkeit " .

Die Frage , was die Dinge sind falsch ausgelöst manchmal Antworten

auffällig Oberflächlichkeit .

CQ : Sie sollen nicht schwören , wissen Sie, zu tun , was deine Mutter sagt, dass Sie

Sie , wissen Sie , tun Sie gut in der Schule , wenn du erwachsen bist , wissen Sie. sein

vorsichtig, wem Sie mit zu mischen. Mit Fremden zu reden Sie nicht , wissen Sie. Sachen

wie die ...

Welches ist mehr falsch - Mobbing oder Fluchen ? Hm, Fluchen und Mobbing

ist in meinen Augen falsch, beide falsch . Sowohl das gleiche? Ja, beide das gleiche.

(QUIGLEY 1,2 .)

IQ : Aber sie sagten, ich habe mich eine ziemlich hohe moralische Maßstäbe.

Was können Sie über Ihre sehr hohe moralische Standards zu sagen? Nun, ich

nicht vor der Frauen schwören.

Ich bin respektvoll. Ich meine, ich glaube an Türen öffnen, und wenn ein

weibliche entlang gehen , sei es ein Patient oder ein Mitglied des Personals , lasse ich

sie zuerst durch die Tür zu gehen, und solche Dinge ...

(QUESTOR 6 .)

Andere waren ziemlich unartikuliert wenn aufgefordert, über Angebot gehen

bestimmte Dinge, die sie falsch gedacht, und die Gründe für die Einzelteile, die geben

auf der Liste. Aber manchmal muss ein allgemeiner Ansicht (wie " Dinge, die Sie

würde nicht gerne , wenn sie mit dir gemacht "oder" Dinge, die in der langen

Lauf wird dich nicht glücklich machen ") hat entstehen .

QA : Eines Tages kaufte ich meiner Frau ein Dutzend rote Rosen und legte sie oben auf

das Fernsehen , wenn sie kommen und wenn mein Sohn sehen, sie schnitt er

sie mit einer Schere . Nun, ich habe ihn nicht zu züchtigen. Meine Frau

züchtigte ihn . Wenn Sie hatte mit ihm gesprochen worden , was würden Sie

gern über zu setzen? Was denken Sie über Kinder sollten gelehrt werden

Recht und Unrecht ? Nicht stehlen zu gehen . Nicht zu gehen, kämpfen und

nur zu Fuß entfernt . Es dauert ein besserer Mann zu Fuß zu erreichen , als nur stehend

und zu kämpfen. Nicht zu gehen und rufen die Menschen Namen und das alles. Nicht zu

in Schwierigkeiten , wirklich. Aber wenn Sie Ihre Kinder die Erziehung wurden ,

Sie ihnen zu sagen, diese Dinge denkt ... Sie dürfen nicht Rosen abgeschnitten ,

sie dürfen nicht nach anderen Menschen schreien . Angenommen, die Kinder sagten ,

"Was macht das alles falsch? Was ist es, die sie gemeinsam haben

das macht sie falsch? Nun, es ist einfach nur beleidigend, das ist alles. Es ist nur

missbräuchliche ... beleidigend ganze Zeit. Angenommen, Sie Erziehung wurden

Kind und er sagt: " Sie sagen mir, all diese Dinge falsch sind, aber was

macht sie falsch? Was macht all diese Dinge stehlen und lügen und

missbrauchen Menschen , was macht sie alles falsch ? Nun, es macht sie falsch

- Es ist nicht ihr Eigentum . Es gehört zu jemand anderem. Jemand anderes hat

gekauft, oder es gebaut oder war es gegeben , oder so ähnlich , und

es ist nicht Ihr Eigentum . Es ist ihr Besitz . Es ist ihre. Was ist mit

schreien alte Menschen ? Was macht das falsch? Rufen nach der alten

Menschen ? Nun , ich finde , das ist Mickey- nehmen mehr als alles andere. Das ist

falsch, missbraucht alte Menschen. Alte Menschen nicht umdrehen und starten

schreien , whacking , aber ich verwendet, um meine zwei kleinen Mädchen zu züchtigen , wenn sie verwendet werden, um bei Mrs. Hopkins , die nebenan wohnen verwendet schreien . Sie hatte

zwei Stöcken und sie werden verwendet , um den Arm von ihr zu nehmen ... Eines Tages werden sie

könnte die gleiche sein könnte und jemand schrie und wie Sie anfangen

würde es dir gefallen?

(ASH 2, 3).

Was ist der Unterschied zwischen Tiefe und Oberflächlichkeit hier ? Tiefe

kommen aus ernsthaften Reflexion auf , warum die Dinge egal. Diese Reflexion

könnte über sich selbst zu sein . Welche Art von Leben will ich führen, und warum?

Welche Art von Mensch will ich werden ? Es könnte sein, oder über Religion

Gesellschaft. All dies zwangsläufig viel Sorge für andere

Menschen . Auf der anderen Seite Tiefe kann kommen , nicht von der Reflexion , aber

von einer intuitiven Gefühl für andere Menschen und für das, was ihnen wichtig ist .

Die Frage, wie man es gerne hätte , wenn jemand begann Geschrei

bei euch hat zumindest eine gewisse Tiefe. Aber der Schwerpunkt auf Frauen gehen zu lassen

zuerst durch die Tür und nicht fluchen sind flach , weil

konventionell. Sie zeigen keine Anzeichen entweder der Reflexion auf Gründe der

ein Gefühl für das , was wirklich Menschen betroffen sind. Dies gilt am deutlichsten zu

die Ansicht, dass Fluchen und Mobbing sind gleich schlecht .

Eigennutz und der Ring des Gyges .

Es war die Frage, welche Prinzipien der Selektion, wenn überhaupt, sie

wurden unter Verwendung . Sie wurden gefragt, warum sie Kinder lehren, einige tun

Dinge und auch keinem anderen zu . Einige Gründe, die schwankte zwischen

appellierte an die Vorstellungen von Recht und Unrecht oder die Sorge für andere Menschen

und Gründe Appell an Eigeninteresse . Der Schwerpunkt lag auf stark

Eigeninteresse .

Wenn Sie über jüngere Kinder sprechen, sagen Kinder im Alter von etwa 6

oder 7 , was würden Sie ihnen über Recht und Unrecht zu lehren? Z.C : Nun, ich

würde sie zu lehren ... nicht schlecht zu benehmen , nicht zu stehlen . Ich würde ihnen sagen

die Gründe , though. Ich würde nicht einfach sagen , sie -nicht stehlen, weil

es ist falsch . Ich würde ihnen sagen , der Grund . Denn wenn man zu stehlen, die

Polizei würden Sie irgendwann einholen , würden sie dich einsperren und Sie

würde leiden. Ich würde ihnen sagen , dass die Art und Weise . Haben Sie eine andere wissen

Gründe ? Nun, dass es falsch ist . Ich würde sie -how erklären würden Sie

wie jemand , um Ihr Eigentum zu stehlen? Sie würden es nicht mögen. Also nicht stehlen

Eigentum anderer . Und auch, weil es wichtig ist , du wirst sein

eingesperrt im Gefängnis gesperrt und gut leiden . Sie verlieren Ihre

Freiheit.

(Crinos 1 .)

Andere Gründe gab , die einfach auf das Eigeninteresse appellierte .

Was würden Sie ihnen beibringen, richtig und falsch ist ? Was haben Sie in bekam

dagegen? Hinweis: Um, ihnen beizubringen, nicht mit Fremden zu sprechen , um, nicht, um auf

die falsche Seite des Gesetzes , das Gesetz brechen , um, ihnen beizubringen, Dinge, die

Ich durchgemacht habe , ihnen beizubringen, nicht zu tun, was ich getan habe , die Art der Sache, so

lehre sie anders. Holen Sie sich eine gute Ausbildung , einen guten Job bekommen . annehmen

Sie wurden Ihre Kinder lehren nicht mit Fremden zu sprechen , eine gute

Bildung, das Gesetz nicht zu brechen. Sie drehen sich um im Alter von 13 und

sagen: "Nun , OK , sind Sie sagen uns alle , aber warum? Was ist der Grund,

dahinter? Was würden Sie sagen ? Ähm, [lange Pause] Weil Sie

ein Job, im Leben und eine gute Bildung im Leben zu etwas bringen . Wenn Sie

nicht , dann sind Sie gerade dabei zu sein um, in die Arbeitslosigkeit , leben in Hostels und Einzimmerwohnungen für Alter , ohne Geld , fast ohne Kleidung, können sich nicht selbst erhalten

eine gute Mahlzeit. Und das ist , warum Sie eine gute Ausbildung und einen Job brauchen, und

wenn Sie in die Arbeitslosigkeit sind und leben in einer Wohnschlafzimmer , und Sie haben nichts

Ihren Namen, dann werden Sie stehlen von den Geschäften , Lebensmittellädenaus starten. Sie

erwischt werden , erhalten Sie in Schwierigkeiten mit dem Gesetz. Also wirklich Sie sagen

ihnen, wie man ein glückliches Leben haben ? Ja .

(BLACK 2 .)

Wenn die Ergebnisse der erwischt sind so prominent unter den Gründen ,

es ist natürlich zu fragen, was die Frage nach dem Ring des Gyges wird

zu entlocken. Einige, verständlicherweise , waren ein bisschen von ihr geworfen . Manchmal ist es

war schwer, um sicher zu sein , wie weit ihre Antworten reflektiert eine wirkliche Haltung

und wie weit sie reflektiert das Bedürfnis, etwas als Antwort zu sagen,

Fragen, die sie gefunden hart und vielleicht unter Druck .

In der Regel können Sie glaube, die Leute sollten das Richtige zu tun ? L.F : Ja . auch

wenn sie bekommen konnten , weg mit das Falsche zu tun ? Was ist der Grund,

für das Richtige zu tun , wenn Sie mit nicht zu tun bekommen kann weg ? sagen

wieder ? Nun, angenommen, Sie bekommen konnte , weg mit nicht erwischt zu werden ,

was ist der Punkt, der darum zu kümmern, das Richtige zu tun ? Nun, ich

weiß nicht [lacht], um ehrlich zu sein. Ähm, hängt , weiß ich nicht, ich

weiß nicht. Es war einmal ein Philosoph, der sagte, dass , wenn wir ein

Ring , die uns unsichtbar gemacht , wäre es eine Frage, ob sein

wir brauchen die Mühe über Moral überhaupt ... Was würden Sie denken

jemand, der sagte, " na ja, wir brauchen nicht zu stören und zu Recht

falsch, wenn wir mit ihm, weil , unsichtbar "weg ? ich

Keine Ahnung . Möchten Sie das Gefühl haben, keinen Grund , das Richtige zu tun hatte ? Nein, nicht wirklich. Sie könnten zu stehlen, sondern unsichtbar waren , damit niemand sehen würde

Sie machen es möglich . Sie würde es tun ? Nun, ich denke schon , ja.

(Farleigh 12 .)

Andere waren nicht so von der Frage geworfen . Oft ist die erste Reaktion ist

die Plausibilität , was eine solche Märchengedankenexperimentezu zweifeln

übernehmen. Möchten Unsichtbarkeit wirklich ein zuverlässiger Schutz gegen sein

gefangen ?

Der griechische Philosoph Platon hatte die Idee , dass , wenn wir einen Ring hatte , dass

hat uns unsichtbar, wäre es eine Frage, die wir aus irgendeinem Grund hatte sein

nicht zu stehlen . Wenn wir uns einen Ring, der unsichtbar gemacht hatte , würden wir nie sein

gefangen . Würde es irgendwelche Gründe, nicht zu stehlen dann sein? Z.C : Say

Sie unsichtbar sind, können Sie weg mit ihm vielleicht hundert Mal .

Aber irgendwann werden sie Sie aus - jemand, der unsichtbar ist, ist suss

dies zu tun und sie werden wahrscheinlich mehr sein ... schauen Sie nach ... So werden Sie

am Ende erwischt ? Ja ... Sie durchschaue , dass eine unsichtbare Person

ist dies zu tun. Es gibt einige Filme, in denen sie unsichtbar Menschen zu zeigen, und

sie schließlich fing sie .

(Crinos 7 .)

Aber die nächste Antwort war oft zu denken, dass eine effektive Version

würde irgendwelche Probleme über Diebstahl zu entfernen, wenn das Detail dieses

Linie der Gedanke war, manchmal bizarr.

Aber wenn ich könnte mit ihm weg - wenn ich wirklich bekommen konnte , weg mit ihm

forever- angenommen, ich wusste nur, dass ich weg mit etwas bekommen könnte, würde

es ein Problem sein, tut es dann? Z.C : Es würde nicht. Nein, du bist

rechts. Es würde kein Problem sein . Wenn Sie unsichtbar und , sagen wir, waren

Töten von Menschen gehalten und man konnte nicht gefangen werden , dann schließlich , und

Sie würde die einzige Person auf dem Planeten , und Sie werden einsam wäre

selbst, wenn Sie alle getötet.

(Crinos 7 .)

Eine Ansicht war, dass das Tragen der Ring des Gyges würde nicht aufhören wirkt als

falsch, aber dass der Mangel an Folgen für den Träger würde bedeuten, die

Falschheit war egal.

Wenn ein Kind hatte den Ring , was würden Sie ihnen beibringen ? Gäbe es

alles, was sie ... JF : Seien Sie über dem Gesetz , einen Schritt über dem Gesetz. würde

die Dinge, die immer noch falsch wäre , auch wenn man immer bekommen

weg mit ihnen ... Es wäre falsch sein , ja, aber wenn Sie könnten sich mit

es , würde man einen Schritt über dem Gesetz stehen . Dann ist alles in Ordnung? Das ist

alles in Ordnung , ja.

(Fall 2).

Für einige, würde der Ring Ergebnisse, die besser als " alle waren haben

rechts " . Es wäre eine wunderbare Gelegenheit sein.

Wenn wir uns einen Ring, der unsichtbar gemacht hätte, wäre es ein Grund zu sein,

Mühe, über Recht und Unrecht ? Da konnte man noch einen guten

Leben, weil Sie nie erwischt ? N.B : Das wäre meine perfekt sein

träumen , würde das . Das wäre die perfekte Traum. Es wäre ja.

Wenn Sie gerade etwas getan , etwas haben könnte ... Und würden Sie das tun ?

Ich würde, ja.

Wenn Sie könnten ein gutes Leben durch Dinge , die falsch sind zu tun bekommen, denn

Sie nicht erwischt werden könnte , dann wäre es kein Problem sein? ... Ich denke ,

weil ich wusste, dass ich weg mit ihm , aber können Sie den Ring verwenden in einer Weise, wo man nicht nur falsch machen Dinge, aber ein gutes Leben

aus mit dem Ring als auch? O.K , wie würden Sie den Ring für eine Verwendung

gutes Leben ? Ähm, Häuser, Autos , Boote , Urlaub. Dies wäre unter

diese Autos und Booten und die Dinge , oder? Oh, ja , würden Sie ,

ja.

(BLACK 3 .)

Allerdings teilte nicht jeder die allgemeine Begeisterung für den Ring. ein

dachte Gewissen noch funktionieren würde .

Wenn wir unsichtbar gemacht werden könnten ... würden wir keinen Grund, nicht stören

zu respektieren die Rechte anderer Menschen, denn niemand würde es wissen

waren wir. Was halten Sie davon? B.F : Äh, ich denke, wenn Sie hatte die

ultimative Psychopathen ohne Gewissen , dann können Sie weg mit ihm ,

Ja. Aber ich glaube nicht, dass es hier jemand , der ... Ich kann mir nicht vorstellen ,

vielleicht gibt es , dass es jemanden gibt , dessen Gewissen würde es

sie weg mit ihm . Oder ich weiß nicht , es klingt, wenn Sie in waren

die Art der Position, wo Sie das tun wollen , ähm , ich denke, dass könnte

Sie würden nicht nur mit dabei , dass glücklich sein.

(Fellows 3 .)

AMORALISTS ?

In den Interviews , die (weit verbreitet, aber nicht universell) Begeisterung für

die befreiende Wirkung des Ringes von Gyges schlägt eine gewisse Affinität

mit der rücksichtslosen Eigeninteresse der einfachen Amoral . Diese ausgestattet mit

Erwartungen, die ich hatte , auf der Basis der Stereotyp über " fehlt ein

Gewissen " . Aber gegen dieses Stereotyp , ihre Einstellung passte nicht

die konzeptionelle Kern der Amoral : das Scheitern zu verstehen , oder der

Ablehnung , den Wortschatz der moralischen Konzepte. In den meisten Fällen ,

sie hatten nicht aufgegeben (oder nicht zu erwerben) die moralische Vokabular

richtig und falsch, gut und böse, gerecht und ungerecht. Und gewisse moralische

Konzepte und Gedanken wurden insbesondere tief in das eingebettete

Ausblick von vielen von ihnen .

Fairness und Rechte geachtet .

Unter den Wertvorstellungen , die einen starken Einfluß auf die meisten von denen hatte

befragten Fairness und Respekt für die Rechte der Menschen . manchmal

Rechte geachtet wurde lassen die Menschen ihr eigenes Leben zu leben, verbunden

und Fairness wurde als Gleichbehandlung gesehen . Diese in der Idee kombiniert

dass verschiedene Gruppen, wie Frauen und Männer sollten gleichermaßen frei sein

um ihr eigenes Leben zu leben.

ZC : Bei meiner Schwester , ich wünschte, sie hat die Geburt des Babys,

weil Ich mag zu viele Neffen und Nichten haben . Aber es ist nicht

zu mir. Ich meine , ich kann nicht gehen und sagen, meine Schwester -oh , weiter, Sie haben die

Baby, ob Sie es wollen oder nicht. Ich kann das nicht tun. Es ist bis zu meinem

Schwester. Es liegt an den einzelnen. So eine Ihrer Werte respektieren

Personen ? Welche anderen Werte glauben Sie, haben Sie ? Wer, ich ? Ja.

Werte , wie? [lange Pause] Nun, ich sprach mit einem Psychologen eine lange Zeit

vor . Ich glaube an - ich glaube, dass Frauen sollten so gleich wie sein

Männer sind . Ich glaube, dass Frauen erlaubt sein sollte, was auch immer Arbeit , die Männer tun

do- sie sollte erlaubt werden , es auch zu tun. Wenn sie sind gut darin ,

sie sollten die Möglichkeit haben , es zu tun . Ich glaube auch, dass die Frau -I

meine, wenn die Frau geht aus und hat viel Sex mit Männern , einige Männer

würde sie eine Schlampe nennen . Aber ich glaube nicht zustimmen. Männer gehen gerne und haben viel Sex mit Frauen, so eine Frau sollte gestattet werden, sich

viel Sex mit Männern . Ist das eine Frage der Fairness ? Es ist , ja. Was

Fairness ? Was bedeutet es, fair oder unfair zu sein? Stellungsfragen

alle. Was auch immer sie sein darf , sollten die anderen sein

erlaubt zu leben.

(Crinos 4 .)

Manchmal Anliegen für Fairness und für die Rechte verwiesen wurde

phantasievolle Bewusstsein dafür, wie andere vielleicht fühlen, wenn ungerecht behandelt

oder wenn ihre Rechte werden ignoriert. Der Mann, dessen Gewissen würde nicht

lassen Sie ihn weg mit mit dem Ring des Gyges appellierte an Phantasie

hier .

Unter Ihrem Auto, um die Lebensmittel zu bekommen, was würden Sie tun , wenn es eine

Platzmangel und da war ein behinderter Raum , würden Sie parken

Behinderte Raum manchmal oder nicht? B.F : Nein überhaupt nicht ? Gar nicht,

Nr. Warum nicht? Er, weil es einen bestimmten Grund . deaktiviert haben

Probleme mit Mobilität, und Sie wissen, es gäbe nichts, das mich sein

Parkplatz weit entfernt und zu Fuß mit dem Einkaufs ... aber einige Leute

haben

ein .. brauchen Rollstühle, was auch immer , zu umgehen ... oder Gehhilfen , so dass ich

würde , wäre es sehr unfair , äh ... Unfair sein? Ja , auf jeden potenziellen

behinderten Menschen , die es nutzen wollen. Ja. Wie entscheiden Sie, was ist

fair und was ist unfair? Ähm , ich nehme an , dass Teil ist bis auf , würde

es dazu führen, Not, schaffen Probleme für jemanden ? Ja. Und , äh, Sie

wissen , ist es bei Vor-und Nachteile einer Entscheidung suchen nehme ich , äh, ja

es würde mich Zeit und Mühe sparen , wenn ich dort geparkt , aber die Menge der

Mühe und Zeit eine behinderte Person verlieren würde massiv überwiegen würde

dass . So ist es teilweise eine Art größte Glück für die größte Zahl

Art von Problem (oder mindestens Elend) ? Um, , aber es ist teilweise nicht nur einfach

dass . Nein, was ist es sonst ? Ähm, ich glaube, es ist teilweise , wie ich über

es trotzdem. Wenn Sie sagen, " wie Sie sich fühlen " was Sie im Kopf haben ? Um,

Ich nehme an, auch jemand hat irgendwann erfahren behinderte Menschen

ignoriert , ihre Rechte werden ignoriert , und die Art und Weise , die machen

sie fühlen . Und wenn Sie ganz zufrieden , nur gefallen lassen , dass dann ,

äh, werden Sie wahrscheinlich nicht so viel von einem Problem bei der Verwendung haben ihre

Parkplatz , aber , äh, wenn Sie es nicht sind, dann ...

(Fellows 1,2 .)

Aber dieser Appell an die Phantasie war selten. Für die meisten anderen Befragten ,

während Respekt für die Rechte der Menschen wichtig war , war es nicht

insbesondere jede Empathie oder sympathisch Gefühl für die Menschen verbunden

deren Rechte übersteuert .

Glauben Sie, dass es falsch ist, in einem gesperrten Platz parken? O.A : Ja, das tue ich.

Warum ist es falsch ? Denn es könnte jemand, der kommt, um zu verwenden

der Raum , der deaktiviert ist und nicht dort parken . Es ist nicht das, was ich möchte

zu tun. Ist das, weil du Mitleid mit der behinderten Person ? Nein, es ist

weil Menschen mit Behinderungen haben Rechte wie normale Menschen haben . ja,

es ist nur Wahrung ihrer Rechte ? Ja , ich respektiere ihre Grundrechte .

(ADDISON 1 .)

Es lohnt sich , diese starke Verpflichtung zu Fairness und

Achtung Rechte, die noch nicht von phantasie Sympathie stammen nicht

mit denen, ungerecht behandelt . Es ist ein dominantes Merkmal dieser moralischen

Landschaft. Wo kommt es her ?

QUELLEN Moral ohne Sympathie.

Ein Interview brachte ein Motiv für die Wahrung der Rechte der Menschen , die

Echo Humes Appell an die Stabilität und andere Vorteile, die kommen

von stillschwe genden gegenseitigen Übereinkommen, bei der jeweils anderen Eigentum zu respektieren .

Q.A : Es gibt keinen Diebstahl überhaupt. Ich habe noch nie von einem Patienten gehört

Diebstahl aus einem anderen Patienten in diesem Krankenhaus . Warum denken Sie , dass

ist ? Nun, ich rehme an, jeder sie zu respektieren. Ich habe einen Fernseher habe , habe ich bekam ein

Wellensittich , ein Walkman -all solche Sachen . Und ich meine Tür offen.

Jeder Patient hat bereits die gleiche Art von Dingen haben . Sie machen ein bisschen

zu tauschen , drehen und den Umgang untereinander , aber sie wissen nicht

gehen stehlen voneinander . Sie zu respektieren jeweils genannten

anderen . Haben Sie die Menschen viel zu respektieren ? Ich respektiere die Menschen , wenn sie mit mir reden

und behandeln mich OK. Wenn sie es nicht tun , ich ignoriere sie einfach. Ich will nicht,

nichts mit ihnen zu tun. Ich will nicht, nichts mit zu tun

Störenfriede oder so etwas , dass jetzt ...

(ASH ? 7 ? 8 .)

Im Krankenhaus schien es eine Reihe von stillschweigenden Konventionen werden, dass

ging über Respekt vor dem Eigentum .

Im Krankenhaus hier ist es eine Art von Moral , die Menschen gehorchen

über das, was Sie miteinander zu tun , wie Sie miteinander umgehen und so weiter,

oder nicht? Gibt es Dinge , die die meisten Patienten würden zustimmen, waren falsch

wenn eine Person tut es einem anderen Patienten ? J.Q : Ja, ich denke schon.

Es gibt nichts wirklich gesagt oder aufgeschrieben , aber es ist eine Art

allgemein anerkannt, dass , ohne je etwas gesagt wird, was ist und was nicht geschieht . Was würden Sie sagen, sind die Dinge in dieser moralischen

Code? Äh , ich meine , wie, Homosexualität, in privaten OK , in der Öffentlichkeit , nein.

Dinge wie , dass Sie wissen ...

Es ist eine Art der akzeptierten Regel, dass man die Menschen über ihre nicht fragen

Geschichte oder so etwas.

(QUIRK , 12-13 .)

Das Wachstum eines solchen Abkommens erfordert einige Gedanken , was andere

wahrscheinlich wollen und wie sie sich zu verhalten sind wahrscheinlich als Reaktion auf

die stillschweigende Übereinkunft , die gehalten oder gebrochen. Aber mit Einfühlungsvermögen ,

oder die Sorge um , die Gefühle anderer nicht wesentlich ist. dies

Strategie ist im besten Fall ein minimaler Schritt weg von eigennützigen

Amoral .

Sympathie ist nicht der einzige Weg weg von Amoral . Die meisten Menschen, die

moralische Ausblick kommt aus einer Vielzahl von Quellen. Einige sind verknüpft

Sympathie und manche nicht. In den Interviews , drei Elemente nicht

Sympathie verbunden spielte eine große Rolle. Einer ist , was bezeichnet werden kann

" Befehl Moral" . Die anderen beiden sind Versionen der Fairness, ein auf der Basis

auf das, was als " primitive Gleichheit " und der andere auf das sein, was

Menschen verdienen .

COMMAND Moral.

Ein Beispiel für Befehl Moral in autoritären Versionen gefunden

Religion : " das ist falsch , weil Gott so gesagt, und es gibt keinen Raum

für die weitere Diskussion . " Eine andere Version ist die Haltung vieler Menschen

müssen die Gesetze des Landes : "Es ist nicht an mir zu beurteilen, ob die

Gründe für ein Gesetz gut oder schlecht sind ; das ist illegal und so sollte es nicht getan werden . " Immanuel Kants Satz " das moralische Gesetz " bringt

Parallelen zwischen seiner weltlichen Moral und sowohl göttlichen und

Parlamentsgesetze . Einige haben sich beschwert , dass sein Ansatz hat eine

versteckte Abhängigkeit von der Idee einer göttlichen Gesetzgeber diese Kritiker denken

noch lauert hinter der vermeintlich säkularen Moralgesetz . Und , mit Blick auf

religiöse Moral selbst , berühmt Freud sah , lauern wiederum hinter

der göttliche Gesetzgeber , die Befehle und Zurechtweisungen eines Kindes tatsächlichen

Vater . Die göttlich inspiriert " Stimme des Gewissens ", war aus seiner Sicht

das verinnerlicht Echo der Schuld -induzierende Eltern Stimme.

Keiner der Befragten erwähnt gab Gott oder religiösen Gründen in

Unterstützung ihrer moralischen Überzeugungen , und es gab nur einer von ihnen,

sogar vielleicht von Kant gehört zu haben. Was auch immer Wahrheiten zugrunde liegen oder Il usionen

seine verschiedenen theoretischen Ausführungen , Befehls- Moral war eine Präsenz in

die Interviews . Wenig überraschend waren die Befehle der Eltern wichtig

diejenigen , wie im Fall des Mannes , der oben zitierte Mobbing und dachte,

Vereidigung waren ebenso falsch :

Warum ist falsch schwören ? C.Q : Nun , es ist nur die Art und Weise , die ich gebracht wurde

auf, nicht auf Menschen schwören . Es ist die Art, wie meine Mama und Papa brachte mich auf,

Sie wissen. Wir wurden , was falsch war , und brachte , was richtig war

und dass , wissen Sie. " ...

(QUIGLEY , 1,2 .)

Andere angedeutet elterliche Autorität als Grund für das Halten

insbesondere Überzeugungen. In einem Fall wurde dies mit der Königin kombiniert

Sein zentraler Teil ihrer Inhalte . Möglicherweise ist mit gebracht

ein Befehl Moral fordert eine allgemeine Bereitschaft, zu denen verschieben als mit Vollmacht gesehen .

LN: Ich denke, dass die Todesstrafe für bestimmte Verbrechen sein sollte

Pflichtfelder. Für welche Verbrechen ? Mord von Kindern, Menschen ermorden

unter dem Alter von 16 , äh , Brandstiftung mit der Absicht, Gefahr , Brandstiftung von Her

Majestät Eigentum , Brandstiftung, Brandstiftung , wie in jedem Ort, wo die Krone

bei Gefahr ... Wenn ich auf [werden in] Portsmouth und versuchen , das Feuer auf eins gesetzt

von Fregatten Ihrer Majestät sollte ich für sie aufgehängt werden. Weil es Brandstiftung

Docks von Ihrer Majestät .

Ich nehme das, was Sie gesagt, dass die meisten überrascht mich ist die Sache

über " Menschen für Brandstiftung ihrer Majestät ausgeführt werden soll

Eigentum " . Das klingt , als ob , wenn jemand im Gefängnis ist und

zündeten sie eine der Papierkörbe , es ist Ihrer Majestät

Gefängnis ... Das ist nicht Brandstiftung. Ich meine, wie in Brand , wie versuchen, eingestellt

Feuer, um , sagen wir, Kensington-Palast, in Brand gesetzt Buckingham Palace,

Clarence House, Glamis Castle. Warum macht es einen Unterschied, ob es sich

einer jener Paläste und nicht nur ein Wohnblock ? Denn es ist

der Königin Immobilien, Immobilien Königin. Was ist das Besondere an der

Königin ? Es ist die Art, wie ich erzogen wurde , respektieren die Krone, respektieren die

Uniform , die Achtung der königlichen Familie. Wenn ich sage, ich bin nicht so interessiert

Wahrung der königlichen Familie , können Sie mir einen guten Grund geben , warum ich

sollte? Wo würden Sie ohne sie? .. Ich würde dir sagen , du hast den

betrachten, ohne die Königin Sie wird nicht eine anständige Art haben

leben ... Ich sehe es , ich meine, die Art, wie ich aufgewachsen war , die Königin,

wie kann ich es ausdrückte, ist die Königin die Nummer einer Person , wissen Sie , was ich

meine, nach sich . Sie wissen , was ich meine , Sie haben sich selbst, und dann sollten Sie die Monarchie zu respektieren , weil die Monarchie Hinsicht

Sie ... [A] Paradebeispiel ist Prinz Charles . Er ist beteiligt

Naturschutz , er ist in der Kunst beteiligt ... Er ist nicht wie , obwohl er

königlich, er wird Zeit zu sitzen , mit dir reden , und wahrscheinlich versteht nehmen

Sie besser als Sie selbst , wahrscheinlich. Ich bin mir nicht sicher, ich glaube, dass er

versteht mich besser als ich mich selbst zu tun, aber .. Aber er ist mehr bekam

Erfahrung ... Ich weiß es nicht, es ist nur die Art, wie ich aufgewachsen .

(NICHOLSON 5, 6).

Diese Obrigke tshörigkeit kombiniert manchmal mit Ideen

Loyalität zu Ihrem eigenen Land . Das Ergebnis war ein " mein Land rechts oder

falschen " Glauben an die bedingungslose Gehorsam gegenüber den Forderungen der Patriotismus.

Einige Leute sagen, dass ein Problem mit der Armee ist, dass Sie zu haben,

Befehlen gehorchen , manchmal Menschen zu töten , wenn es ein Krieg , und es kann

nicht richtig, dass immer tun. O.A : Um ihr Land zu verteidigen , ja, auch

Recht es ist . Im Krieg ist es richtig? Ja, natürlich ist es . Du bist nicht

nur die Verteidigung Ihrer Heimat , bist du der Verteidigung der Frauen,

Kinder, Menschen in ihr. Sie sind zu verteidigen ihr Recht , frei zu sein . es

nimmt zwei Seiten , um einen Krieg zu machen, und eine Seite verteidigt und das andere

Seite angreift . Können Sie immer auf unserer Seite verlassen, um diejenigen zu sein , die

verteidigen ? Wenn Sie Briten sind, können Sie für Großbritannien zu stehen, ob es sich um

richtig oder falsch. Sie sind ein Teil dieses Landes . Wenn Großbritannien sagt: " Right,

Ich bin im Krieg mit diesem Haufen " , können Sie nicht behaupten, nicht. Sie nur sagen , "Fair

genug " und " Lass uns tun, was wir zu tun habe . "

(ADDISON 5 .)

Fairness PRIMITIVE Gleichheit.

Eine weitere Quelle der moralischen Überzeugungen , die nicht auf Sympathie abhängig sind ist die

Sinn für Fairness . Eine Version davon ist die Sorge ist für gleich

Behandlung. Die meisten Eltern kennen die tiefe Leidenschaft, die weckt Ungleichheits

bei Kindern. Bei einem sehr jungen Alter, vielleicht was "primitiv bezeichnet werden

Gleichheit " scheint tief verwurzelt . Jeder, der drei Kinder hat und

drei Stück Kuchen , und wer sie in irgendeiner anderen Weise als verteilt

die offensichtlichste, bald kommt über die Leidenschaft über sie.

In einer Reihe von Interviews, die starke Unterstützung für die Gleichbehandlung

schien dieser primitiven Gleichstellung . Auffällig ist, dass ein

Referenz griffen dabei zurück in die Kindheit , als ein Kind Taschen gegeben

Geld und ein nicht war.

NB : Unfairness kann , um, gab mir meine Mutter ein Taschengeld , aber nicht mein

Schwester. Das ist Ungerechtigkeit als gut. So Fairness ist die Behandlung von Menschen die

gleich? Ja, sie auch auf die andere Person behandelt werden ... Also ich würde Ihnen

1,50 £ , und ich würde die andere Person geben, £ 1,50 , so ist es gleich so ist es fair.

Er ist nicht immer mehr als Sie.

(BLACK 10).

Fairness , was die Leute verdienen und Vergeltung .

Eine Version der Fairness ist , was die Leute verdienen : dass die Menschen

sollten entsprechend belohnt oder bestraft wird, die Schuld oder gelobt werden , was

sie gewählt haben, zu tun . Die tiefe Ungerechtigkeit der unverdiente Strafe

war ein Thema in mehreren Interviews .

Was ist Fairness und was ist unfair ? N.B : Ungerechtigkeit ist, wenn

jemand für etwas, was sie nicht wirklich getan haben, verantwortlich gemacht. Ich habe

für Dinge, die ich nicht wirklich getan , und das ist Ungerechtigkeit verantwortlich gemacht wird,

Es war auch ein starkes Gefühl der Ungerechtigkeit , wenn andere nicht gegeben hatte

ihnen die Unterstützung und Loyalität sie dachten, sie verdienten.

Glauben Sie, dass Sie etwas von Ihrer Familie , oder sind sie wirklich

aus dem Bild ? Q.A : Nun, ich habe nur eine Schwester überlassen. Ich war in

berühren mit meiner Frau im letzten Jahr , weil mein Sohn gestorben ist. Ich denke, die letzter

Mal höre ich von meiner Frau war vor 16 Jahren , und es hat meinen Sohn zu sterben

für sie , um in Kontakt mit mir zu sein . Ich ging nach Hause , um sie für den Tag zu sehen

nach der Beerdigung . Ein paar Monate später gingen wir nach Hause . Die Mitarbeiter

nahm mich meine Frau für den Tag zu besuchen und mich und meine Frau ging auf

das Grab . Dann gingen wir zurück in die Wohnung , und sie sagte , "Ich habe die ganze

malen und die Tapete und alles, was drinnen bereit , wenn Sie kommen

Zuhause ". Ich sagte: " Ich bin nicht nach Hause zu kommen " . Nach 16 Jahren , hat sie nicht

in Kontakt mit mir , und weil mein Sohn gestorben und sie ist jetzt auf eigene Faust , sie

wollte mich zurück. Nach 16 Jahren, als ich weg gesperrt. Das ist nicht

fair.

(ASH 7, 8).

Die Bedeutung von dem, was Menschen verdienen war nicht nur etwas, das

in Zusammenhang mit der unverdiente Schuld oder Aufgabe in ihrer abgeschnitten

eigenen Leben . Es bildete einen großen Teil ihres Denkens über mehr öffentliche

Angelegenheiten. Zum Beispiel , einer schlug vor, dass , während die Tötungen durch die

Kray Zwillinge waren nicht gerechtfertigt, sie wurden zumindest durch die gemildert

dachte, dass ihre Opfer vielleicht bekommen, was sie verdienten.

J.F : Die Krays nur getötet, ihre eigenen. Sie wollten nicht töten unschuldige

Menschen . Ich verstehe. Wer hat sie getötet? Sie töteten Jack " The Hat " McVitie

und George Cornell . George Cornell war mit den Richardsons . die

Richardsons verwendet, um Menschen zu quälen und George Cornell war immer

schrie aus seinem Mund über Ronnie Kray , nannte ihn einen fetten und puh

und dies , dass Unternehmen , zu sagen, wie er war nicht Angst vor den Krays und

dass sie Ponces und schrie seinen Mund aus. Und er arbeitete mit der

Richardsons und er war selbst ein Gangster . So Ronnie Kray schoss ihm in

der Kopf . Er war einfach zu töten andere Gangster. Und Jack " The Hat "

McVitie - er war, um mit den Krays sein, aber er war immer

schrie seinen Mund aus , dass er im Begriff war, die Krays bekommen ... Er schob ein

der Frau aus dem Auto und sie hatte ihre Wirbelsäule brach und sie nicht mehr gehen konnte

wieder, und die Krays hatte um sie zu kümmern . Sie gaben Geld, so dass sie

könnte gut finanziell sein, und dies Jack " The Hat " McVitie war

verursacht nichts als Ärger . Er tat die Krays aus Geld -und

schrie er seinen Mund aus. So Reggie ihn getötet. Er stach ihn zu

Tod. Heißt das, dass es in Ordnung bringen , ihn zu töten ? Es macht es nicht

rechts , nein, aber er nur falsch, Menschen getötet. Er wollte nicht töten unschuldige

Menschen . Was ist mit Menschen , die unschuldige Menschen töten müssen ? Was möchten Sie

denken sollte passieren? Das ist schlecht . Ich schätze, sie aufgehängt werden sollte .

(FALL 05.04 .)

Es gab eine Menge Unterstützung für die Todesstrafe .

Warum sollten wir denken, es ist in Ordnung , jemanden zu töten, weil sie haben

diese Verbrechen begangen ? L.N : Weil es unmenschlich zu tun, bestimmte

Sachen. Ich sehe es wie, dieses ist einer meiner Meinungen ,

jemand , der ein Kind schaden können ... hat es nicht verdient zu leben. Das ist nur meine

Meinung , die Art, wie ich aufgewachsen . Ich meine, wenn Sie ein Kind zu verletzen,

- Boom - Sie wissen was ich meine, es gibt ein Kind zu bestrafen , und dann es nur geht, aus dem Weg , um ein Kind zu verletzen. Das ist aus

Ordnung. Manche Leute sagen, zwei Unrecht nicht ein Recht zu machen. Dass es

schrecklich , ein Kind zu töten , aber es ist auch schrecklich , die Person zu töten

, der das Kind getötet hat? Sie müssen nicht dem zustimmen? Es ist nur die Art und Weise

Ich habe mich trachte , wirklich, wissen Sie, was ich meine. Auch wenn ich

ein gläubiger Katholik , ich denke immer noch, Pädophilie ist das schlimmste Verbrechen in der

Welt , und es gibt nur einen Satz für it- Tod ...

(NICHOLSON , 5 oder 6).

Manchmal sind die Unterstützung von Gründen auffallend flach, aber das waren

konnte mit einem starken Gefühl der Ungerechtigkeit des unschuldigen kombiniert werden

Menschen ausgeführt wird.

NB : Ich denke, schwere Straftäter ausgeführt werden soll. Warum denken Sie,

das? Ähm , ich habe gerade in England zu suchen. Es gibt keine Leerzeichen gibt es Gefangene

überall gibt es Verbrecher herum und dass hängen , und ich denke,

dass, wenn es dann die Ausführung , weitere Ausführung als normal , denke ich,

es wäre eine ruhigere Welt zu leben in. Einige Leute sagen , dass einer der

die Probleme mit der Ausführung Menschen ist, dass Menschen, die unschuldig sind

manchmal zu Unrecht verurteilt zu werden. Ja, ich denke , dass , OK ja , ich denke,

dann sollte das Gesetz sicherstellen, dass Sie 100% Beweis vor der Ausführung haben .

Ja, aber Sie nicht immer 100% Beweis . Nein, kann man nicht.

Manche Leute würden sagen: " Nun, wenn es enorm , den Mord zu reduzieren

Rate , egal , wenn ein paar Menschen bekommen ausgeführt, weil weniger Menschen sterben

Gesamt " . Würden Sie sagen, das ist richtig oder denken Sie, dass das falsch ist ? ich

denke, das ist falsch. Warum ? Weil sie nur das Töten unschuldiger Menschen .

So dass sie am Ende als Mörder selber. So ist es unfair? Ja .

(BLACK 10).

Manchmal Ideen, was jemand verdient gemacht Ausführung wurden gebunden

mit einem Netzwerk von anderen charakteristischen moralischen Ansichten .

OA : Wenn ein Mann ein Mann ermordet und dann , soweit es mich betrifft , ist das

akzeptabel , denn ein Mensch kann sich selbst verteidigen. Wenn jemand greift ein

Mann von vorne, oder zwei Männer haben einen Kampf, und einer von ihnen stirbt ,

jemanden trifft ihn und er fällt und stirbt, das ist akzeptabel, weil

sie haben einen Kampf hatte und versehentlich jemand ist gestorben. Wenn Sie gehen,

mit der Absicht, jemanden zu töten , dann sollten Sie Ihr Leben zu verlieren.

Wenn Sie ein Kind töten, sollten Sie Ihr Leben zu verlieren.

(ADDISON 8 .)

Manchmal , wenn auch selten , die Unterstützung für die Todesstrafe verwiesen wurde

Reue über die Person, die eigene Vergangenheit und Sympathie für seine Opfer .

Einige Leute denken, es ist falsch , die Todesstrafe haben . Was möchten Sie

denken ? QA : In einigen Fällen ja, und in einigen Fällen -Nr. welche Fälle

wäre " ja" ? Es gab Unschuldige Elektro - Vorsitz und die

Schuldige ist später gefunden worden. In Vergewaltigung sollte die Birke - macht

ihnen die Birke oder Katze -of- nine-tails - im Fall von Vergewaltigung . im

Fall von sexuellen Übergriffen auf Kinder , die gleiche und sie sein sollten

kastriert. Im Fall von Mord tatsächlich , würde ich mit hängenden zustimmen.

Ich habe zweimal zwei Menschen getötet, und ich vergesse es nie . Ich habe nicht nur

verletzen. Ich ihre Familie verletzt mental, nicht körperlich, sondern geistig ,

und ihre Lieben.

(ASH 5 .)

Ein starkes Engagement für die Vergeltung und Wüste konnten die Menschen in führen verschiedene Richtungen. Die Besorgnis über die Hinrichtung der unschuldigen

Menschen führte eine Befragte , die Todesstrafe abzulehnen , obwohl er

dachte auch, dass, wenn jemand hat die Bestrafung verdienen , ein eigenes

gewalttätige Reaktion gerechtfertigt sein könnte .

LF: Angenommen, Sie haben jemanden, der ... ist verprügeln und einzubrechen , verprügeln

alte Frauen, und unter all ihr Geld. Die Polizei hat nicht genug bekommen

Beweise für eine Verurteilung , und sie sitzen da diese schöne Fahrt

Motoren und werfen all dieses Geld um und solche Sachen , und

dann würde ich keine compun ... keine Schuld zu , äh, die Geld von ihm oder

Diebstahl von ihm , oder was , liegend auf ihn oder wissen Sie, was ich meine,

oder ihn anzugreifen ...

Glaubst du, es sollte die Todesstrafe sein? Nein Warum nicht? Nun,

es hängt davon ab . Wenn Sie es zugeben, und es ist definitiv richtig, dass sie es tun

es , dann vielleicht , aber Sie haben immer diese Fälle, in denen unschuldige Menschen ...

Ja , so würden die Menschen nicht ausführen , weil sie vielleicht unschuldig sein ?

Nein, tue ich nicht , nein, wahrscheinlich nicht , nein.

(Farleigh 4, 10).

MUSTER .

Drei Themen stehen : moralische Seichtheit , die Dominanz der

Eigeninteresse über phantasievolle Sorge für andere , und einer Moral

betont Fairness und Rechte , aber auch mit seinen Wurzeln nicht in

Empathie für andere. (Dies sind die dominierenden Eindrücke , aber ich habe

zitierte Kommentare von bestimmten Personen , die gegen jede dieser gehen

Verallgemeinerungen .)

Die Oberflächlichkeit ist offensichtlich in der Trivialität von einigen der vorgeschlagenen moralische Lehre über Erstvermietung Frauen durch die Tür , oder fluchen

wobei so schlecht, wie Mobbing. Wo keine Gründe gegeben wurden , zeigten sie

wenig Anzeichen für Nachdenklichkeit oder jeglicher Sinn dafür, was wirklich wichtig

zu anderen Menschen. Die Dominanz des Eigeninteresses ist offensichtlich in der

Willkommen auf der Ring des Gyges gegeben , vorausgesetzt, es funktioniert. Diese beiden

Faktoren zusammengenommen könnte eine Gruppe von amoralists die haben kein vorschlagen

reale Vorstellung von Moral geht.

Aber das Bild der flachen Landschaft ist amoralisch höchstens eine halbe Wahrheit.

Was geht gegen sie ist die gut sichtbare Vorsprung der moralischen Begriffe

um Vorstellungen von Fairness und was die Leute verdienen geclustert. Es ist ein

moralische Landschaft, sondern ein eng und hart. In einem nur wenige der Männer

interviewt , Überzeugungen über Rechte und Gleichberechtigung aus Sorge wuchs

für andere Menschen in der Lage , ihr eigenes Leben zu leben, oder von

sich vorzustellen, wie behinderte Menschen fühlen, wenn ihre Rechte mit Füßen getreten werden .

Für die meisten von ihnen, phantasievolle Sorge für andere nicht zentral. die

Schwerpunkt auf primitive Gleichheit und auf was die Leute verdienen es schien

kommen ziemlich sofort von Darm -Reaktionen , unvermittelt durch viel Gedanken

über sie . Die Ideen , was die Leute verdienen oft verknüpft

ihre eigenen Gefühle , ungerecht behandelt, wenn die Loyalität verweigert

sie dachten, sie verdient oder für Dinge, die sie nicht getan hatte, verantwortlich gemacht. in

die meisten der Gruppe , diese Konstellation von Ideen schien weitgehend

unabhängig von Empathie oder Sympathie .

Auch hier ist die Oberflächlichkeit fällt . Dies kommt in der Bedeutung

Eigentum der Königin und im Glauben an die Akzeptanz der angeschlossenen

" Angriff auf einen Mann von der Front" . Es kommt in jemanden zu sehen,

Ärger und " schrie seinen Mund aus" wie eine ernsthafte

Entschärfung der Falschheit seiner Ermordung . Es kommt heraus, im Geben als

Grund für die Unterstützung der Todesstrafe , dass " ich gerade in England zu suchen.

Es gibt keine Leerzeichen gibt es Gefangene überall, es gibt Verbrecher

hanging around ... " . All dies hat die gleiche Trivialität als Frauen lassen

zuerst durch d e Tür , und der Glaube an die ernsthafte Falschheit

Fluchen . Einige der Oberflächlichkeit aus , die sich mit gebracht kommen

ein Befehl Moral, dem es nicht um sich vorzustellen, wie Menschen fühlen . noch

entsteht sie nachdenklich Reflexion. Stattdessen fordert er eine

Ansatz , zum Beispiel um die Moral des Krieges, der unmittelbar und

unkritischen Gehorsam : " Wenn Großbritannien sagt:" Ich bin im Krieg mit diesem Haufen " ,

Sie argumentieren nicht. Sie nur sagen , "Fair genug." ".

Drittes Kapitel : Kindheit und AFTER .

Bei der Befragung Leute , ich habe nicht entweder ihre Verbrechen oder einführen

ihre Kindheit . Aber sie oft hob eine oder beide dieser Themen.

Es wurde deut ich, dass viele von ihnen sahen eine starke Verbindung zwischen der

zwei . Es fing an zu scheinen wichtig, genauer zu schauen ihre

Sinne, dass ihre gewalttätigen Aktionen wurden zu einem katastrophalen verbunden

Kindheit.

1 . KINDHEIT Ablehnung.

LF : Nun , ich wusste, dass es falsch war , um, aber es war eine Menge , ich bin nicht

Art mildernder aber wurde ich heiraten am nächsten Tag und ... es ist ein

lange Geschichte wirklich . Wenn die Dinge gut laufen , ich irgendwie immer ,

Muck ' em up, Chaos ' em . Wollen Sie mir sagen, wie es passiert ist, oder

nicht ? Nun, ich hatte zu gehen und meinen Anzug , und es gab verschiedene Dinge wir hatten zu bezahlen. Freundin los war , dass über diese und die

andere , und was wir , was benötigt wird, um für , Geld, Rechnungen bezahlt werden , und nicht

nur Rechnungen , sondern wie für diese Hochzeit und jenes. Und ich ging und ich

einen Einbruch gemacht und als ich dort war, sah ich all die Bilder , die alle

diese glücklichen Familien wissen Sie, und um, zerschlug die Stelle eingerichtet und

Brand. Waren es die Bilder von den glücklichen Familien , die ausgelöst

das? Äh, ja, ich denke schon ja. War das , weil Sie das Gefühl hatten Sie nicht

hatte eine glückliche Familie? Nun, ich weiß, ich habe nicht eine glückliche Familie. Aber es ist

nur mein Leben ist immer alles schief gegangen ist, es fühlt sich einfach gut

das ist nur , wie es ist. Aber wenn alles richtig läuft , ich weiß nur,

dass die Dinge gehen einfach zu gehen .. "

(Farleigh 6 .)

Das Projekt weiterhin über die Moral und Werte der sein

befragten Personen , aber es auf einem extra Dimension hat . Wie hatten ihre

Kindheit geformt , was sie über gepflegt werden und wie dies wiederum tat

Formung beitragen , um ihre antisoziale Gewalt?

Viele von ihnen beschriebenen Kindheit , in der sie wenig Liebe gezeigt .

Warum haben Sie nicht wollen , zu Hause zu sein? O.A : Weil ich nicht liebte. da

war neun von uns in der Familie und es war nur meine Mutter. Meine Mutter

konnte nicht Liebe geben, alle von uns , und ich war ausgelassen. Nicht mit Absicht , sondern

Ich fühlte mich , und ich fühlte unerwünschte, aber ich wollte schon immer mit meiner Mutter sein

weil das ist, wo ein Kind sein sollte. So war ich immer sein zu wollen

mit ihr , aber wenn ich bei ihr war ich nicht liebte. Also ich wollte nicht

mit ihr zu sein , als ich war, und als ich war nicht ich.

(ADDISON 3 .)

Manchmal waren ihre Familien gewalttätig. Manchmal wurden sie erzogen

von Eltern, die sie streng bestraft . Oft waren sie körperlich oder

emotional missbraucht. Das gemeinsame Thema war emotional Ablehnung.

IQ: ich aufgewachsen , bis ich sieben war in einer sehr gewalttätigen Familie. ja,

wo Waffen wurden verwendet, und solche Sachen ... [Meine Mutter] war

gleichgültig wirklich , wissen Sie, es war eine sehr flüchtige Beziehung ... Ich

erinnere mich an viele eine Zeit, die Polizei wurde gerufen , um sie aufzuhalten Ich nehme an , was

Sie nennen würde jetzt innenpolitischer Auseinandersetzungen und dergleichen , aber es gab

einige ziemlich extreme Gewalt von Zeit zu Zeit , wissen Sie. Es war ein

Messer bei einer Gelegenheit , eine Fleischmesser , einem Fach , dem alten Stahl

Tabletts. Sie ergatterte mein alter Herr mit einem Tablett und er warf Tassen und über

Sachen wie das , und so was ich tun würde , wenn diese Situation passiert ist, ich

verwendet, um zwei oder drei Fluchtwege verfügen und einer von ihnen eine Menge.

(QUESTOR , 4, 5).

II : Also eine der wenigen Gelegenheiten, mit meiner Mutter , und zu Hause mit

meine älteren Brüder , war ich in der Regel für etwas falsch bestraft . ich

wurde nie wirklich etwas Ermutigung oder eine Umarmung für etwas zu tun gegeben

richtig ... Wir war nicht erlaubt, im Garten zu spielen, aber wenn er jemals kam

von der Arbeit und wir waren (und , natürlich , das ist nur mir zu denken

, dass es mich immer in den Hals die ganze Zeit), aber ich früher

eine Möglichkeit , die für die Fußball-Spiel herausgegriffen , als ob ich in

der Hof, und es wäre mir , das wäre bestraft - mit um zu gehen

früh schlafen , Strafmaßnahme der Vergeltung. Es verwendet, um Furcht einzuflößen

Angst in mir .

(Ibbott 2, 3).

LJ : Ich wurde misshandelt, sexuell und körperlich misshandelt , sich ständig. und ich

im Krankenhaus war seit elf Jahren an Kinderlähmung und sie kamen nur um zu sehen,

mir einmal .

(JACKSON 3 .)

WEGE AUS ABLEHNUNG zu Gewalt.

Als sie von innen beschrieben ihre Gewalt , was sie sagten,

vorgeschlagen, zwei verschiedene Wege, auf denen ihre katastrophale Kindheit

möglicherweise mit ihm verbunden werden. Ein Weg wäre , um ihre Kindheit zurückverfolgen

die Schaffung von Bedürfnissen, Wünschen und emotionale Zustände so stark, dass

überwältigen entweder Eigeninteresse oder die moralischen Fesseln. Die andere

würden ihre Ablehnung Kindheit als Verkümmerung das Wachstum von der sehen

moralische Stützen sich .

Betrachtet man zunächst die überwiegende Eigeninteresse und der moralischen

Stützen, entstanden zwei vorgeschlagenen kausalen Konten. Einer ist, dass sie

reagierte auf die Ablehnung Kindheit mit Wut, die die Expression in gefunden

Gewalt. Die andere ist, dass ihre Kindheitserfahrung ließ sie mit

unerfüllte emotionale Bedürfnisse, die sie versuchten, durch ihre Peer erfüllen

Gruppe durch den Gewinn Anerkennung für ihre Zähigkeit und Gewalt. Wenn eine

jeder Grad hatten sie in der Lage, die menschlichen Reaktionen entwickeln

Sympathie und Respekt , das waren nicht genug, um ihre Opfer zu schützen.

Solche moralischen Ressourcen , wie sie waren, wurden durch die Stärke überwältigt

ihre Wut und ihren Hunger nach Anerkennung.

Ihre Konten auch vorgeschlagen, dass einige Antworten auf die Kindheit

Ablehnung hemmte die Entwicklung der moralischen Schranken

sich . Eine Antwort war, eine defensive Schale, von denen ein Teil wachsen war eine bewusste Vermeidung von Mitgefühl für andere. Ein weiteres Ergebnis

die Art, wie sie behandelt wurden, war, dass einige wurden schuldig zu fühlen.

Dies, zusammen mit den allgemeinen Mangel an Anerkennung, nicht ihnen zu helfen

entwickeln einen guten Sinn für ihre eigene Identität und wert.

. 2 überwältigend die moralischen Schranken : ANGER und emotionalen Bedürfnisse .

ANGER .

Die einfachste Route von kausalen Ablehnung Kindheit , Gewalt geht

durch Wut. Eine böse Nachfrage nach Aufmerksamkeit könnte in ausgedrückt werden

Kindheit selbst .

IQ : Und so war ich nicht keine Zuneigung gezeigt , und es tatsächlich zu mir kam

weil der erste Tag wurde ich von meiner Mutter zur Schule gebracht und dann

nach, dass sie mich tatsächlich verlassen , nach Hause zu kommen , und dass . Und ich konnte es nicht

verstehen, warum all die anderen Eltern kamen und Kommissionierung ihre

Kinder bis ... Warum kann ich nicht bekommen abgeholt ? .. Das ist, was ich gefühlt haben muss ,

weil ich früher ich bei einer Gelegenheit zertrümmert alle Milchflaschen zu

lenken die Aufmerksamkeit von allen ihnen andere Menschen.

(QUESTOR 17 .)

Ein ähnliches Bedürfnis manchmal hinter Wut später lag im Leben und oft ist es

wurde über die, die ursprünglich verursacht es verallgemeinert.

Hatten Sie eine Art von Wut du raus ? N.B : Ähm , ja. Warum

waren Sie wütend? Ähm, weil ich das Gefühl ignoriert , fühlte ich mich einsam.

(BLACK 12).

OA : Ich habe nicht verwendet, sich schuldig zu fühlen , weil ich zu viel Hass im Inneren

ich fühle mich schuldig , gegen jeden . Gegen alle? Gegen jeden.

Selbst Menschen, die nichts getan haben ? Auch gegen Menschen, die nicht

mir nichts getan , ja. Warum glauben Sie, war das? Weil sie

was ich wollte, und ich hatte es nicht , also war ich wütend , weil

sie hatten es .

(ADDISON 4 .)

Manchmal schlug vor, ihre Konten , dass in ihren Köpfen, die Opfer von

ihre erwachsenen Gewalt standen für diejenigen, die sie missbraucht hatte .

LJ : Meine Wirkung auf andere Menschen muss schrecklich gewesen sein . aus meiner

Kriminalität. Ich bin für Vergewaltigung. Ja. ... Ich habe viel schwere Arbeit getan in

Gruppen . Und die einzige Schlussfolgerung, die ich kann, um in dieser Zeit zu kommen , war, dass

der Kerl war mein Bruder und die Frau war meine Mutter . Da ich an diesem Tag

fuhr bis zu meinen Eltern , weil ich im Begriff war, zu töten

sie . Und das ist, wo mein Kopf war. Ich war gerade dabei, sie auszulöschen

alle zusammen. Ich dachte, das könnte Ärger dann weg zu gehen ...

Haben Sie in diesen Tagen kümmern uns um Menschen zu verletzen oder nicht wirklich ? Oh,

ja, kümmerte ich mich , ja. Es hat mich sehr verletzt mich , wenn ich eine

schöne Beziehung gehen und es spalten . Ich würde mich umso mehr fluchen

weil es zu mir herunter . Es war nie bis zu meinem Partner. es

immer auf mich ... Sie haben Sorge um andere Menschen und wie sie

gefühlt? Natürlich habe ich , ja. Aber die Wut manchmal einfach überwand

das? Sie tat , tat es , es übernahm . Es dauerte , wissen Sie. es

sie, sie wäre einfach nicht mir allein. Ihre Mutter? Meine Mutter, sie

nur würde mich nicht allein lassen , so oder so . Und ich konnte nicht, wie

Ich sagte, ich nicht mit den Leuten reden konnte über sie. Ich trug es die ganze Zeit .

Das war sexueller Missbrauch ? Ja, sexueller Missbrauch. Auch wenn ich nicht zu Hause war ,

wenn ich aus dem Haus und ging nach London, um zu leben, da war sie manchmal . Ich könnte in einer Beziehung und gehen durch sein vielleicht ein

schwierigen Phase , die 9 mal von 10 sein würde bis meine Schuld. und

es würde sie sein , wissen Sie. Sie hatte im Kopf sein? Sie hatte in meinem Kopf sein.

Zu sagen, dass ich faul war , sollte ich mich umbringen , und ich weiß nicht verdient

Leben und der ganze Rest von ihm und das Zeug ... Wenn Sie - Sie

nicht haben, um alle Fragen zu beantworten , wenn Sie nicht wollen, aber wenn Sie -

vergewaltigt eine Person war , die Wut , oder war es .. Es war Wut. Es war Wut.

Wut gegen deine Mutter oder Wut gegen ... ? Ja, Wut auf , es

war meine Mutter und mein Bruder , in meinem Kopf , die Nacht.

(JACKSON 10, 11).

Emotionalen Bedürfnisse und Entbehrung .

In der Ethik und der politischen Philosophie , gibt es einen Strang des Denkens

, das sagt , dass die menschlichen Bedürfnisse sollte Vorrang vor befriedigend gegeben werden

andere Wünsche. Der Anspruch ist, dass so gut situierten Menschen besser

sollte den zweiten Platz zur Beseitigung der Armut der Menschen, die nicht über nehmen

Unterkunft, genug zu essen, sauberes Trinkwasser oder medizinische Grundversorgung . die

Ansicht hat offensichtliche Reiz, aber Fragen über angehoben worden , wie man

die Grenze ziehen zwischen dem Bedarf und andere Dinge, die die Leute wollen. die

Punkt wird manchmal gemacht , dass etwas für etwas anderes benötigt: ein

Haus ist für , unter anderem , Schutz gegen die benötigte

Elemente und vielleicht gegen Raubtiere. Eine Berücksichtigung der Bedürfnisse , die

sollte Priorität haben, ist sie für die Dinge, wie Essen und etwas Gesundheit

Pflege notwendig, einfach am Leben zu bleiben . Andere wollen eine großzügigere

Berücksichtigung der menschlichen Bedürfnisse , einschließlich der Listenelemente , die zwar n cht

unerlässlich, um am Leben zu bleiben , sind für eine gute oder blühende Leben benötigt .

Dies hat auch gefallen, aber man kann die Kosten Verwischung der Linie

zwischen dem, was die Menschen brauchen und was sie gerade wollen .

Vielleicht haben einige Verwischung der Grenze ist eine unvermeidbare Folge der

mehr inclusive Ansicht von Bedürfnissen. Aber eine Kindheit von Gewalt und

Ablehnung , als von denen, die es erlebt zu sehen ist, ist hier wichtig. wie

wir gesehen haben, die kleine Gruppe befragt enthalten, so viele, deren Vergangenheit

war wie dieses. Es gab die ein Kind in der Familie , weil links

es war nicht genug Liebe für alle da , der einzige Junge nie gesammelt

, die von der Schule und zerschlugen die Milchflaschen , die man nie eine gegeben

Umarmung , aber oft zu Unrecht bestraft , die man ständig körperlich misshandelt

und sexuell und einmal in elf Jahren im Krankenhaus besucht , der,

hatte die Fluchtwege von der Gewalt in der Familie mit der Stahlschaleund die

Küchenmesser, und der, dessen Mutter war in seinem Kopf sagte, er sei

morsch und sollte sich selbst zu töten . Es ist schwer, den Gedanken zu vermeiden , dass

es menschliche emotionale Bedürfnisse wie auch physische. für einige

Befragten waren diese Bedürfnisse nicht gedeckten , und dies trug zu der

Gewalt. Sie formulierte einige der Bedürfnisse .

Die Notwendigkeit, ein jemand zu sein .

Oft ist die Ablehnung und Demütigung erzeugt ein Bedürfnis nach Anerkennung

und Respekt, eine Notwendigkeit , die sich leicht in Gewalt Ausdruck gefunden .

Manchmal ist die Wut würde mit diesem zu verbinden.

QA : Mit der Wut, mit, wie eingebildet ich verwendet zu werden , mit dem Bier -it

gekocht und gekocht , und ich war wie ein Tier. Menschen war

der mich erschreckt und ich liebte , dass . Ich liebte es. Warum haben Sie lieben das?

Ich weiß nicht. Es war dumm . War es eine Art der Anerkennung , Respekt ?

Menschen verwendet werden, um "Hallo, Quinn " zu gehen. Früher habe ich bemerkt werden. "Hallo, Quinn. " "All

rechts, Quinn ? " " Haben Sie einen Drink , Quinn. "

(ASH 9).

Obwohl meine Frage lief zusammen Anerkennung und Respekt , sie sind

Wert unterscheiden . (Verweis auf SIMONE BATEMAN .) Vielleicht der

zwei , ist die Anerkennung der Grundbedürfnis mehr . Respekt hat mit mit zu tun

Ihren Status oder Wert anerkannt. Aber QA hier drückt eine Notwendigkeit für

etwas mehr als die grundlegenden Anerkennung: aufgefordert zu haben, ein

trinken , ist einfach überhaupt , anstatt durch so sah bemerkt

wenn nicht existent. Einer der anderen Befragten beginnt beginnt

über Status und Ehre, aber , wenn ich frage, um Respekt, korrigiert er mich

Anerkennung und betont , die Notwendigkeit, ein jemand zu sein und nicht als

nobody:

IQ: Ich meine, ich , war es eine große Sache, Draufgängertum , weil ich eine Menge getan

bewaffnete Raubüberfälle und ich habe nie erwischt . Es gab also viel Geld

über und schnelle Autos und das, und ich lebte , könnte man sagen ,

extrem auf der Überholspur , sehr schnell. Und ich fühlte mich die Leute auf der Suche

auf mich zu ... [SPRICHT DER BEI Er war jünger] Und ich hatte eine Menge

gewalttätige Dirge an mir getan , wie die Einweihung in Teddy Jungen bedeutete, dass man

hatte , dass Ihre Beine abgeschnitten und Dinge passiert mit Messern und Sachen

so ... Aber für mich war das Draufgängertum , das war wie Ehrenzeichen ...

Sie sagen, Sie wollten Respekt . Ist das richtig? Nicht so viel Respekt ,

aber ich wollte Anerkennung . Ja . Ich nehme an, ich fühlte mich , daran zu denken , ich

fühlte ich war ein niemand , aber als mit diesen Leuten , ich war jemand .

(QUESTOR 14, 17).

Andere benötigt, um in der Mitte der Dinge und nicht auf die sein

Margen und zu gut bekannten oder um eine leistungsfähige Ruf haben .

II : Ich brochen Chemiker von einem frühen Alter (knapp 16) für viele

Jahren recht erfolgreich . Ich hatte keine Bedenken , wer es gekauft, wo ich

nahm es ... Dann, vor -I in all den Jahren fühlte sich gut für die Möglichkeit, zu Fuß

in einem Haus und die ganze Sache würde um mich herum kreisen zwei -

Schilling für dieses und es gab mir ein Gefühl der Identität . Ich war ganz

in der Region gut bekannt. Haben Sie das Gefühl haben, ein Gefühl der Identität benötigt?

Haben Sie das Gefühl , dass Sie gern ? Nun, ich weiß nicht mich zu erinnern, ein vor

zu .

(Ibbott 3 .)

OA : Früher habe ich bis in die Nacht - Clubs gehen für Kämpfe, auf der Suche nach

Menschen zu kämpfen, um meinen Ruf zu verbessern. Früher habe ich auf die Suche nach

Menschen, die den Ruf hatte , um ihren Ruf weg von ihnen zu nehmen und

es mir hinzuzufügen ... Ich habe nicht verwendet werden, um viel Schlaf bekommen, weil ich auf

beschleunigen, aber ich einen Ruf für mich gebaut. Wenn es ein Kampf ,

kommen und mich holen ... War das Ansehen Spaß? Ja, war es notwendig,

für mich an der Zeit, diesen Ruf haben . Warum war das notwendig?

Da die Life-Style Ich führte . Ich konnte nicht leisten, erhalten

zertrampelt über . Ich konnte die Leute nicht denken, sie nehmen die P leisten konnten

aus mir , so hatte ich diesen Ruf und keine Leute taten. Menschen versucht, aber

Ich habe sie zu zerstören , so dass die Leute nicht versuchen, am Ende, weil

sie würden wissen, was passieren würde. Also ich hatte einen guten Ruf .

(ADDISON 10.09 .)

Manchmal ist die Notwendigkeit für Respekt geht in die Notwendigkeit , etwas zu tun daß lohnt aus der Sicht der Person selbst und

die Notwendigkeit, einen Beitrag zu etwas anderem:

Was würden Sie über das Leben von einem Arzt gerne? N.B : Äh, Sie helfen können

Menschen , respektiert zu werden. Sie haben einen Titel bekam . Hallo, Dr. Soundso . Sie

das Gefühl, wichtig und Menschen, die Sie sehen, wie das ist, ein Arzt , ich brauche einige

helfen , lassen Sie uns gehen und sehen, Dr. XXXX . Haben Sie das Gefühl , dass Respekt ist etwas,

Sie sind ein bisschen kurz ? Ähm, ich , ja. Ich fühle mich , als ob ich nicht

wichtig genug, um jemanden oder etwas , und ich bin einfach , ich denke, es ist

wegen der Art, meine Eltern behandelten mich wie ein Kind. Wenn ein Kind

wächst zu denken, dass sie [nicht erlaubt? Prüfen], um für zählen

genug , er , um die Aufmerksamkeit , die sie suchen gehen , das ist, was ich getan habe , habe ich

Aufmerksamkeit seeked ... Ich möchte ein Arzt nicht nur, weil davon sein ,

sondern weil , ähm, ich mochte schon immer die Idee, eine Krankenschwester , Arzt ,

Arzt , arbeitet in Unfallstationen . Es ist Menschen zu helfen . Es ist ein

gute, starke Job zu sein in. Es ist gute Bezahlung , können Sie verschiedene Leute zu treffen,

Sie helfen Menschen , und Sie fühlen sich , als ob Sie erreicht haben

etwas, am Ende des Tages, wenn Sie nach Hause gehen . Sie wissen, was Sie getan haben

getaner Arbeit , und Sie haben etwas erreicht haben. Sie haben dazu beigetragen,

jemand aus .

(BLACK 6 .)

DER BEDARF , gebraucht zu werden und wollte .

Neben benötigen, um bemerkt zu werden und bis zu betrachtet werden , müssen die Menschen

Anleihen mit anderen. Manchmal ist dies nur eine Frage der mit einer Gruppe

das gibt ein Gefühl der Akzeptanz und Zugehörigkeit.

Ich war interessiert, was Sie gesagt haben, wenn Sie nicht ins Gefängnis gewesen ,

Sie haben nie gelebt ... OA : Blacks gehen um in Gruppen. Die meisten weißen Männer

nicht. Die meisten weißen Männer mit ein oder zwei Kollegen gehen und dann kleben nicht

zusammen, aber die Schwarzen zu tun. Wenn Sie im Gefängnis sind, ist es anders. Sie

halten zusammen. Sie finden die Menschen aus Ihrer Region , in die Turnhalle gehen Sie mit

sie , werden Sie mit ihnen zu essen , werden Sie mit ihnen zu kommunizieren. Sie sind

um sie herum die ganze Zeit. Es gibt eine Bindung da, weil du her

die gleiche Fläche ... so dass Sie gute Freunde geworden . Mehr als die. Sie werden

- Ich weiß nicht, was ist das Wort , aber Sie werden Seelenverwandte ... Ich ging nie

in die Armee . Ich wollte immer . Aber ich nehme an, es ist wie es ist ... Warum

wollten Sie in der Armee sein? Ich war schon immer ... ich wollte immer

gehen in der Armee , weil ich fühlte es etwas, was ich tun wollte, war . es

war ein Beruf. Es war mehr als die. Es war, wie sich einer Bande , ich

nehme .

(ADDISON 5 .)

Aber die Akzeptanz und Zugehörigkeit sind nur ein Teil der Geschichte. Es ist ein

müssen für etwas wärmer : bis gebraucht und gewünscht werden.

OA : Mit der Zeit bekomme ich meine älteste - oder - mein ältester wird 18 sein, also

sie können ihre eigenen Entscheidungen darüber, was sie tun wollen. Als meine

Kinder werden 18, ob sie mich kennen lernen wollen oder nicht , es ist bis zu ihnen.

Es ist ihre Entscheidung. Ich werde nicht schieben Sie es auf sie. Ich würde gerne , sie zu sehen

aber sie sind Erwachsene. Haben sie mit Ihnen in Kontakt gehalten ? Nein, nur die

älteste . Aber es ist dann bis zu ihnen. Es ist ihr Leben . Wenn sie wollen

kennst mich, das ist in Ordnung . Die haben ihr Leben auf ihre Weise leben und

Ich will nicht zu sein - wenn sie sagen : "Oh, wow! Wir müssen gehen und sehen,

Dad " . Ich will das nicht . Ich will, dass sie sagen: " Ich will gehen und sehen, meine dad " . Aber Sie würden es sehr gerne , wenn sie es taten ? Ja, das würde ich. ja,

Ich würde.

(ADDISON 10   )

Wenn Sie wieder auf die Person, die Sie vorher waren aussehen , was denken Sie,

Sie vermissen hatte ? I.Q : Ich denke, die größte Sache ist , gebraucht zu werden . müssen

für mich selbst, nicht für das, was ich war. Ich meine, ich ging in die Kneipe , wenn ich eine

viel Geld , die Menschen brauchten mich . Oder ich dachte, sie tat , aber es war nicht

der Fall ist.

(QUESTOR 14 .)

3 . Verkümmerung das Wachstum von Sympathie.

Kindheit Ablehnung Bedürfnisse erstellt , die die moralische überwältigt

Stützen. Aber die Interviews auch vorgeschlagen, dass es verkümmert war die

Wachstum der moralischen Schranken sich . Das Wachstum der Sympathie

um offen zu sein für andere verbunden: anspricht, ihnen und wie

sie fühlen. Dies kann behindert , wenn die Reaktion auf eine Ablehnung werden

Shell gegen defensive , von anderen zu verletzen. Und , auch wenn die

Kapazität für Sympathie entwickelt hat, über Ablehnung und Ressentiments

anderen weh tut kann Sympathie für andere absichtlich führen

ausgeschaltet.

Die Angst vor Ablehnung und der Mauer .

Eine Reihe der Befragten gaben an, den defensiven blieb

Barrieren aus Angst , abgelehnt oder verspottet .

Ich bin sehr dankbar, dass Sie mir zu sagen, so viel über sich selbst,

darüber, wie Sie denken über die Dinge . Q.A : Nun , ich konnte nicht vor Jahren, und

Ich würde nicht vor Jahren. Ich war in einer Schale , und ich würde nicht aus , dass zu kommen

Schale ... Warum glauben Sie, in einer Shell zu Gast? Nun, ich dachte, wenn

Ich komme aus und blühte , würde jeder gedacht haben, ich wurde als

lustig oder so etwas.

(ASH 10.09 .)

Es ist eine Präventivstrategie , die emotionale Nähe weigert ,

Ablehnung anderer Menschen zuerst, bevor Sie sie wieder mit mehr schaden

Ablehnung.

I.Q : Spott kommt es auch. Ich habe eine Menge Spott , wenn ich

wurde ein Kind ... Wie ist es möglich , ich weiß es nicht, aber ich von einem einge

extrem leise fried Person , Angst Person , zu einem extrem

gewalttätige Person . Sie wissen schon. War das der Lächerlichkeit verbunden , es war entkommen

von Spott ? Ja, ja, ' cos, wenn ich , nachdem ich angegriffen , ich

dachte, das ist es wirklich ... So war es eine Art der Verteidigung ? Oh , ja.

Nachdem lächerlich gemacht , wurde mit nicht sehr geliebt ? Das ist richtig,

Sie bauen diese defensive Wand und lassen Sie sich nicht niemand oder nichts

hinein.

(QUESTOR 15, 16).

Eine andere Version der gleichen Strategie , die Dinge zu tun gerichtet

entfremden Menschen, so dass die Nähe wird nicht angeboten.

II: Ich habe mich nicht wirklich erlaubt, weil ein geringes Selbstwertgefühl zu

schätze ich werde alles lieben oder lassen Sie alles zu nah an mich

Fall es tut weh ... Es gibt immer ein Risiko einer Abstoßung , verletzt zu werden. war

dass etwas, das Sie beeinflusst? Haben Sie vermeiden Beziehungen oder

nicht ? Ich habe 25 bis 26 Jahren in den Beziehungen , die sehr flach sind . Ich habe

bewegt im ganzen Land bekannt, Menschen für ein paar Monate. Ein oder zwei von die - wenn sie in mehr eine emotionale Bindung entwickelt habe , habe ich in der Regel

etwas gesagt oder getan etwas absurd und verwandelte sie sich von mir

als Auftakt zu - gut , nicht bekommen, zu nah , weil ich nicht sein will

durch dich verletzt , und ich habe erwartet, dass von dumm .

(Ibbott 4, 5).

Manchmal wäre eine Ausnahme von der allgemeinen Strategie vorgenommen werden

Bezugs Ablehnung. Ein Angebot der Offenheit, eine seltene Riss in der

Mauer begann in der Kindheit, könnte zu einer positiven Reaktion führen

gehen gegen die pessimistischen Erwartungen .

War es eine lange Zeit, bevor Sie Menschen, die Sie gefunden haben machen jede emotionale

Anleihen mit ? I.Q : Äh , oh, yeah, yeah, ich meine, ich hatte eine Menge

Beziehungen. An einer Stelle hatte ich drei Beziehungen geht auf einmal.

Aber ich glaube, das war mir selbst beweisen , beweisen, dass Sie wissen , dass ich

wollte oder zu einem gewissen Grad notwendig .... Ich habe eine junge Dame , eine Dame bekarnt,

4 Jahre hier und sie ist auf jetzt verschoben ... aber wir geschlagen Beziehungen und

Ich war ziemlich überrascht, Sie wissen, wie offen ich mit ihr war . Ich meine, ich habe

mein Vergehen nie diskutiert mit niemandem , vor allem Patienten , und dass

und als ich fühlte, war die Beziehung in den Griff bekommen , setzte ich mich hin und

die aussehen , das ist, was ich getan habe , wissen Sie, ich gebe nicht auf jede

Ausreden , das ist, wie es ist. Und ich wartete auf eine Ablehnung , und ich

nicht bekommen . In der Tat, es noch besser gebunden und auf den Punkt , dass

tatsächlich wurden wir letzte Weihnachten verlobt . Sie wissen , das ist, wie stark es

war . Und ich war ganz , glaube ich, mein ganzes Leben wissen Sie, ich habe eine hatte

viel Ablehnung zu Hause , und die Dinge , und ich hatte erwartet, Ablehnung ,

so , was ich zu tun, anstatt mich die Leute ablehnen , würde ich in der ersten zu bekommen.

(QUESTOR 9 .)

Empathie, zum Mitleid , SETZEN Scheuklappen .

Das Bild der klassischen Cleckley Psychopathen, der irgendeinen Defekt hat

das macht ihn nicht in der Lage , das Leben zu erleben, wie ein normaler Mensch tut ,

könnte eine angeborene Unfähigkeit, mit den Opfern seiner einfühlen vorschlagen

Gewalt. Dieses Bild entspricht nicht dem Konto die Befragten gab

von sich. Sie sehen sich selbst als mit der Fähigkeit , sich vorzustellen,

die Gefühle ihrer Opfer . Wut oder eine allgemeine Ressentiment gegen

andere Menschen führte sie in eine von zwei Richtungen . Entweder sie waren sich bewusst,

der andere Menschen verletzen , sondern einfach egal. Oder vermeiden sie

ihre eigenen möglichen Not an der Leiden, die sie verursacht

bewusst Ausblendung Bewusstsein.

Die Antwort zu wissen, aber nicht darum kümmern, wurde offen beschrieben .

Sie sagen, Sie kommen da hier in der Philosophie geändert haben . I.Q :

Yeah, yeah . Wie war es früher? Ich war ein Ex- Biker und ich will ehrlich sein

mit dir habe ich nicht einen Dreck um etwas oder jemanden . Was ich wollte,

Ich habe , sod die Konsequenzen.

(QUESTOR 4 .)

Haben Sie eine Erklärung dafür, warum Sie in die Lage kam

Straftat zu begehen , was es war? F · L : Ich nehme an, es war etwas zu

tun mit , als ich jünger war , wissen Sie. Welche Art von Sache, wenn Sie waren

jünger? Als ich ein Kind war, habe ich über und solche Dinge getroffen. wie

Ursache war , dass Sie tun , was immer es war, die Sie gemacht haben? Hat es Sie

wütend, oder was? Ja , es machte mich wütend eine Menge , und ich hasste die Menschen viel .

Wenn man die Leute gehasst , werden Sie wahrscheinlich tat Dinge gegen sie manchmal.

Wussten Sie, wie sie über sie , oder nicht zu spüren ? Ich nehme an, ich zu der Zeit

nicht wirklich interessieren. Sie wussten aber nicht kümmern. Ist das richtig? Ja .

(Loram 6 .)

QA : Ich habe immer ehrlich und wirklich egal, was ich sagte, war vermutlich

rechts das war es nicht. Es war nicht . Ich war einfach nur großen Überschrift , nicht

zu hören, war mir egal. Sod ihn . Wenn Sie " Sod you" sagte, tat man nicht

egal - wenn Sie einige Menschen verletzt , hast du nicht kümmern? Nein, habe ich nicht

egal. Warum glauben Sie, war das? Ich weiß nicht. Weil Sie Pflege zu tun

jetzt , nicht wahr ? Ich denke, es ist einfach nur übermütig. Ich war nicht gestört. aber

Sie wusste, dass sie verletzt wurden , aber man kümmerte sich nicht darum . War das richtig?

Das ist richtig , ja. Ich kümmerte sich nicht um die Menschen . Früher habe ich nur geboren werden

kostenlos - das ist, wie ich zu fühlen. Niemand konnte mich zu verletzen . Niemand konnte

berühre mich . Aber ich fand heraus, dass ich falsch lag.

(ASH 6 .)

Manchmal durch Groll, wissen, über den Schmerz in schattigen

Ziel für sie.

Wenn Sie tater , was immer es war Sie nicht , wussten Sie, dass es falsch war

zu der Zeit oder hast du nicht das egal ? O.A : Haben Sie nicht kümmern , nicht

egal. Wussten Sie, dass Sie schmerzten alle anderen? War mir egal. Nein, nicht

haupt . Aber Sie wussten, dass Sie sie verletzen und sich nicht kümmern? ich

wusste, ich war , ich wusste, dass ich , ja. Und du hast nicht aus welchem Grund interessieren?

Sie hatten mir weh , so dass ich versuchte , sie zu verletzen . Richtig, ich verstehe

dass . Außer mein Schmerz war extrem. Ich ging auf die Spitze.

(ADDISON 4 .)

Die andere Antwort war, "auf Blinker setzen " . Einige der Befragten hatte diese Technik, um auslöschen schrecklichen Kindheitserinnerungen entwickelt

und wendete sie auch, wenn sie andere Menschen verletzen.

LF: Es gibt jede Menge meiner Kindheit habe ich ausgeblendet , ich meine Jahre und

Jahre . Ähm, und wenn ich will nicht nach oben , um etwas über einen Zeitraum

Zeit , es ist einfach nicht passiert. Ich denke, dass wir alle bis zu einem gewissen Grad tun.

Ich glaube, ich habe auf sie verlassen zu viel, oder haben zu gut , oder ... und ich

nehme an, es ist eine Art , zu einem Zeitpunkt, wo ich gerade auf Scheuklappen legte ich werde,

Sie wissen , ich habe gerade auf Blinker setzen ... Ich habe gerade waten in. Wenn Sie anziehen

Scheuklappen , es ist nicht das Denken über die Ergebnisse , oder ... Ja . Wenn Sie

tun, erinnern Sie sich , es war ein Desaster vorher , oder nicht?

Nein, ich habe nicht daran zu denken. Es ist immer dann , wenn ich zurücklehnen

objektiv und ich zurück .

(Farleigh , 08.07 .)

Ein Weg, der nicht von Bewusstsein für die von ihnen verursachten Schmerz war beunruhigt

weg von ihm zu suchen.

II : Ich würde mir nicht erlauben, vor zehn Jahren kümmern. Also, wenn Sie sagen,

Sie würde sich nicht erlauben , wusste , was es war, als ob sie

verletzt . Sie wussten, was sie fühlte, wie , aber Sie würden nicht lassen Sie sich

Mühe damit? Ja . Ich würde es zu schließen. Ich würde mich mit beschäftigen

etwas anderes. Warum denken Sie, Sie wandte sich ab von der Konzentration auf

das? Nun, wegen der Schmerzen , oder einer Art von Schmerz. Es ist wie ein

emotionalen Zwang .

(Ibbott 4 .)

4 . RESPEKT , PENDELN und Identität.

Ein weiterer wichtiger moralischer Zurückhaltung ist der Respekt für andere Menschen. Respekt ist

Anerkennung von jemandem, der Status oder Rang.

Eine Art von Respekt ist Wertschätzung : Seamus Heaney zu respektieren, wie ein Dichter

hoch von dem, was er schreibt, denken. Eine andere Version ist die Anerkennung der

jemand seinen Status in einer Hierarchie . Es gibt herkömmliche Ausdrücke

Respekt für jemanden, der Status , Respekt und Höflichkeit verbunden

manchmal Ehrerbietung . Soldaten Ausdruck der Ehrerbietung Version

respektieren , wenn sie einen Offizier zu begrüßen. Aber Wertschätzung und Respekt sind nicht

die zentralen moralischen Schranken . Moral oft ruft zur Achtung

Menschen, die wir weder Wertschätzung noch verschieben, um .

Es gibt Displays von weniger gezwungen und mehr gleich Versionen von Respekt

als einen Offizier salutierte . Wir als Person wissen wir von jemand erkennen

sie auf der Straße grüßen. Mit Menschen, die wir nicht kennen , gibt es

konventionellen Höflichkeit auf die Anerkennung ihrer Stellung als Signal

Menschen. Darin erkennen wir , dass die Menschen rechtliche oder moralische

Rechte und zeigen dies, indem sie nicht angegriffen , nicht von ihnen zu stehlen ,

Achtung ihrer Privatsphäre, sie nicht zu demütigen und so weiter.

Sowohl die konventionell höflich Version und die Achtung der Rechte kann

Ausdruck einer tieferen und allgemeine Haltung . Kinder , die Art und Weise verwendet,

sie selbst Groß groß in ihrem eigenen Leben , plötzlich geschlagen werden

mit einem klaren Bewusstsein, dass alle anderen Menschen, ebenso wie

selbst, ein Leben zu führen und einen Standpunkt ihrer eigenen. die

Leben und der Sicht einer anderen Person ist so verzweifelt wichtig

, sie als meine sind zu mir. Der Gedanke ist eine Binsenweisheit , aber die Morgendämmerung

kann ein wichtiger Teil des Erwachsenwerdens sein . Der Blick auf andere Menschen

dieses Bewusstsein geführt werden als "die tiefe Haltung des Respekts " werden.

In entscheidenden Momenten kann die gleiche Bewusstsein mit Lebendigkeit zu Erwachsenen wiederkehren.

In den Putney Debates 1647 , Oberst Rainsborough appellierte an sie

wenn dem Argument für die Regierung nur durch Zustimmung : "Denn ich denke, dass wirklich

die Ärmsten , dass er in England , so hat sie ein Leben zu leben, als die größte

er ; und deshalb wirklich , Herr, ich glaube, es ist klar , dass jeder Mann , dass

ist es, unter einer Regierung sollte zunächst durch seine eigene Zustimmung leben zu setzen

sich unter dieser Regierung " . Und George Orwell, Ausdruck seiner

Abscheu über mit einer Ausführungs erlebt , sprach von " der

unsägliche Falschheit von Schneid ein Leben kurz, wenn es voll ist, in

tide " . Er äußerte die Schrecken der Fuß zusammen mit der verurteilten

Mann : "Er und wir waren eine Gruppe von Männern , die zusammen gehen , Sehen, Hören ,

Gefühl , das Verständnis der gleichen Welt ; und zwei Minuten mit einer

plötzlich Snap, einer von uns gegangen - ein Geist werden weniger , eine Welt weniger . "

Einige Arten des Respekts und der andere nicht.

Einige der Befragten hatten deutlich Respekt für Menschen mit hohem

Position in der sozialen Hierarchie . ("Weil es Eigentum der Königin ist ...

Es ist die Art, wie ich erzogen wurde , respektieren die Krone , die Achtung der Uniform,

respektieren die königliche Familie ".) Einige von ihnen hatten deutlich den Respekt

in konventionellen Höflichkeit ausgedrückt. ("Ich will nicht vor schwören

Frauen ... Ich bin respektvoll. Ich meine, ich glaube an Türen öffnen, und wenn ein

weiblich ist zu Fuß entlang , sei es ein Patient oder Mitarbeiter , lasse ich

sie zuerst durch die Tür zu gehen. ") und die Bedeutung der Achtung der

Rechte in ihren moralischen Landschaft wurde bemerkt. (" Behinderte Menschen

Rechte haben wie normale Menschen ... Ich respektiere ihre Grundrechte . ")

Gelegentlich sind die Gründe für die Einhaltung Rechte gegeben zeigten einige

Bewusstsein für die Perspektive derer , deren Rechte verletzt wurden . aber

zum größten Teil die Achtung der Rechte war mehr eine regelgeleitete Angelegenheit

als etwas, in das Bewusstsein für die Perspektive des anderen verwurzelt.

Was vor allem fehlte, war die tiefe Haltung des Respekts . für George

Orwell, Ausführung bedeutete eine Welt weniger und für die dies gemacht

unsägliche Falschheit Abschneiden ein Leben in voller Flut. das Fehlen

von alledem ist Teil der Oberflächlichkeit von einigen der Befragten

Gedanken über die Todesstrafe . ("Ich habe gerade an England zu suchen. Es gibt keine

Räume , es gibt überall Gefangenen , es gibt Kriminelle herumhängen

und das, und ich denke, dass, wenn es dann die Ausführung , mehr

Ausführung als normal , denke ich, es wäre eine ruhigere Welt zu leben

in. ")

RESPEKT UND PENDELN : " NICHT SEHR REAL SICH " .

Zurückweisung, sowie die Menschen für die Anerkennung und den Respekt hungrig

für sich selbst, kann auch verhindern, dass sie von der Entwicklung der Anerkennung

der inneren Leben der anderen Gründe , dass die tiefe Haltung der

Respekt. Es ist plausibel , all dies als wechselseitig auf der Basis zu sehen.

Die Menschen lernen teilweise durch die tiefe Haltung des Respekts für andere

wobei sich respektiert.

Die anderen Arten von Respekt kann unterschiedlich sein. Soldaten , die nicht waren

Respekt gezeigt in der Kindheit lernen, wahrscheinlich Offiziere salutieren . aber

kann vermuten , dass diese Art von "Respekt " nicht lange überleben werden

das Entfernen der Zwang , die sie auferlegt. Die tiefe Haltung der

Respekt, die innere Anerkennung des moralischen Status des anderen Menschen,

Möglicherweise müssen einige Gegenseitigkeit für ihre Entstehung .

In einem frühen Stadium des Projekts , Dr. Gwen Adshead und ich waren

Diskussion über die Menschen, die wir über ein Interview gab . Viele Patienten sind von

ihre. Nachdenken über ihre Fähigkeit , anderen zu schaden , fragte ich mich , ob

andere Menschen und ihr Innenleben schien völlig real zu ihnen . sie

dachte, meine Zweifel Recht haben könnte , fügte aber hinzu : "Manchmal sind sie nicht

sehr realen , sich selbst " . Zu der Zeit war ich von diesem Kommentar fasziniert ,

wenn auch nicht sicher, was es bedeutete. Eine mögliche Verbindung zwischen einem

verminderte Sinn für die Realität der anderen Menschen und eine verminderte Sinn

der eigenen Realität kann sich von den Folgen der Kindheit kommen

Ablehnung. " Andere Leute scheinen nicht vollständig Echt , sie " ist eine Möglichkeit,

das Fehlen der inneren Anerkennung des moralischen Status der Beschreibung

andere. Und " nicht sehr real für sich selbst" könnte ein weiterer beschreiben

Folge der Ablehnung und Demütigung : die Nicht entwickeln ein

robuste Gefühl der eigenen Identität und der Wert - Fehler, der schafft

wie Hunger nach Anerkennung und Respekt.

Eine der in "Faktor One" der Hare- Psychopathie aufgeführten Funktionen

Checkliste ist eine " grandiose Gefühl von Selbstwert " . Einige von denen, die ich

interviewt schien Leute, die wollen , um den Eindruck geben könnte

als wirklich jemanden. Aber hinter dieser oft schien die Notwendigkeit zu sein

ein jemand , anstatt echte Überzeugung. Und der Satz " nicht sehr

real für sich selbst " schien oft Dinge, die sie mit der Resonanz .

Haben Sie ein Bild von der Art von Leben, das Sie führen wollen, müssen , wenn Sie

sind out ? LF: Ich habe noch nie eine normale bequeme Zeit, hatte

alles ist solide alle um mich herum , die Leute sind alle fester um mich,

nur, dass nur einfache , wissen Sie, was ich meine? Was meinst du mit "Menschen sind solide " ? Er, meine Familie im Stich gelassen , lassen Sie mich down ... Dies ist nur

ein Beispiel. Ich kam aus und ich hatte nicht keine für ca. 6 Monate hatte , dann

meine Mama , es ist eine seltsame Beziehung , ' cos am Ende des Tages ist sie

"Mum " , weißt du was ich meine, all so etwas , und dann sagt sie ,

" Sie ist wirklich gut gemacht, ich glaube, du eine Belohnung verdient ", und dann ... Ich habe gerade

kann nicht, ich weiß, es ist nicht richtig. So ist es nur verwirrt , verwechselt . und

das ist, wie es für eine lange Zeit gewesen.

(Farleigh 11 .)

Hier massiv ist, jemanden darauf verlassen kann, vertraut sein . die

Kontrast ist m t der Vermietung jemand nach unten. Vielleicht das Gefühl , diese Art von

Solidität in andere Menschen ist Teil von dem, was benötigt wird, um ein Gefühl zu entwickelr

der eigenen Solidität und wert.

5 . MORAL IDENTITÄT UND AGENTUR .

Die meisten Menschen , ohne den Satz, haben einen Sinn für ihre eigene moralische

Identität. Sie haben ein Bild von der Art der Person, die sie sind und einige

grobe Vorstellung von der Art der Person, die sie sein möchten . Für die ganz

Glück oder die sehr selbstzufrieden , überlappen die beiden eine ganze Menge. für

die meisten von uns gibt es Lücken .

Nicht jeder Teil des Bildes von dem, was wir sind wie trägt zur

Gefühl der moralischen Identität. Unser Alter, Größe , Hobbys und Vorlieben für

einige Arten von Essen, Sport oder Musik sind in der Regel weniger relevant als unsere

Bild davon, wie weit wir sind ehrlich , großzügig, gesetzestreue , mutig , freundlich,

ein guter Vater oder eine gute Freundin . Das gleiche gilt für die Art von Person,

wir sein möchten . Einige unserer Ideen über , dass (ein guter

Schwimmer oder mit einem weniger chaotischen Schreibtisch) kann wenig moralische Bedeutung
haben .

Es ist nur Hoffnungen oder Wünsche mit Werten, die Teil der sind geladen

Gefühl der moralischen Identität.

Zu den wichtigsten moralischen Schranken sind diese Wert - geladenen Bilder

wie wir sind und was wir sein möchten , und insbesondere die Ideen der

Art von Person, die wir nicht wollen. "Ich bin nicht die Art von Person, die

nimmt Bestechungsgelder . " " Ich will nicht jemand, der seine verrät sich

Freunde. "

Identität und Agentur sind miteinander verbunden. Was wir sind und was wir tun, sind

miteinander verwoben. Wir sind alle eine Menge von Dingen außerhalb unserer Kontrolle geprägt. die

Art von Person, die wir sind, hängt in offensichtlichen Möglichkeiten auf Gene , Erziehung, die

Kultur, die wir aufwachsen , und auf vielen anderen Faktoren, die wir uns selbst nicht

zu wählen. Aber viele Menschen eine Rolle bei der Gestaltung der Art von Person, spielen auch

sie sind. Diese Selbsterschaffung nimmt verschiedene Formen an .

Es ist vor allem die unbewusste Art von Selbstschöpfung Aristoteles

bemerkt. Wir frei wählen , in einer bestimmten Weise zu handeln , und diese Aktionen

formen unsere Gewohnheiten. Im Gegenzug, härten diese Gewohnheiten in unserem Charakter .

Dann gibt es Entscheidungen, die , in der Regel unbeabsichtigt , Form , was wir

sind wie durch die Beeinflussung der persönlichen Welt, in der wir leben. diese

sind Entscheidungen , wer zu heiraten oder leben mit , welche Möglichkeiten der Aufgabe,

tun und wo sie leben , Entscheidungen über die Kinder haben, und viele mehr

trivialen . Und es gibt bewusst Projekte von Selbstschöpfung . viele

Menschen in diesen zu engagieren bei der Neben Ende : mit dem Ziel, das, was sie ändern

sind wie von Gewicht zu verlieren , durch die Wahl ihrer Kleidung oder Frisur , durch

Selbstbehauptungstraining Kurse oder durch Bücher darüber, wie man

Freunde und Einfluss Personen. Ein paar haben mehr große bewusst

Selbst kreative Projekte , die sie für Jahre oder ein Leben lang engagieren kann :

Suche nach Selbstverständnis durch Psychoanalyse, immer eine olympische

Sportler , immer ein guter Christ oder Muslim.

Die Value- geladene Bilder von uns selbst , wie wir sind und wie wir vielleicht

zu werden, haben offensichtlich Einfluss auf die größeren und mehr bewusst

Versionen von Selbst Schöpfung. Aber sie können auch die anderen beeinflussen

Art, durch die Förderung oder entmutigend einige Aktionen, die Form kann

Gewohnheiten und Charakter, oder durch die Führung unserer Entscheidungen von Freunden,

Partner oder Arbeitsplätze. Um solche Bilder fehlt, ist die Befugnisse der reduziert haben

Selbsterschaffung und so einen zentralen Teil des Seins verantwortlich für verlieren

das eigene Leben .

Sinne der Selbst : flache und tiefe .

Wie weit sind die Männer, die ich interviewt habe diese Bilder ? Einige Antworten

auf die Fragen über die Art von Person, die sie sein möchten waren

flach, nur mit betroffen , welche Fähigkeiten , Talente oder Job , sie würden

dergleichen.

Glauben Sie, dass die meisten Menschen haben eine Vorstellung von der Art von Person, die sie wollen

zu sein? Eines der Dinge, .. die Leute sagen, ist: "Ich will nicht die Art sein

Mensch, der so etwas tut. Z.C : In einigen Fällen habe ich eine Art

wie talentierten Menschen. Ich gebe Ihnen ein Beispiel - Bruce Forsyth . so ein

großer Entertainer , wissen Sie. Er kann Klavier spielen . Er kann alles tun,

Arten von Dingen . Ich wünschte, ich war wie er, talentiert.

(Crinos 6 .)

Haben Sie ein Bild von der Art von Person du bist? Sie haben ein

Idee, entweder wie du bist oder was du gerne sein?

J.F : Ich weiß, was ich möchte dergleichen sein. Was möchten Sie sein

wie ? Ich würde gerne ein Gangster zu sein . Möchten Sie? Warum würden Sie gerne sein

ein Gangster ? Ich würde. Ich möchte wie die Kray Zwillinge sein . würde

Sie ? Was ist gut daran? Ich weiß nicht . Ich wäre einfach . Die Kray -Zwillinge

- In den sechziger Jahren verwendeten die Kray -Zwillinge , alle Überfall zu stoppen und

Vergewaltigungen auf der Straße und halten die Straßen sauber .. sie haben , zu wissen,

Prominente und solche Dinge. Und sie gaben das Geld für wohltätige Zwecke .

(Fall 4).

Haben Sie ein Bild von der Art von Person, die Sie sein möchten ? C.Q : Ich würde

wie ich selbst zu sein , äh , arbeiten in Restaurants, zu trainieren , ein Chef zu sein ,

das ist, was ich sein möchte .. Oder arbeiten für den Rat oder Straßen

Arbeiten Sie graben Fahrbahnen .. Dinge wie das , wissen Sie.

(QUIGLEY 4 .)

Die Oberflächlichkeit ist nicht nur eine Frage der Erwähnung nicht nur Jobs

mehr Wert als geladene persönlichen Eigenschaften . Es besteht auch die

Eindruck auch nicht viel hinter der Wahl des idealen Jobs gedacht .

Die Möglichkeiten , ein Koch oder tun Straßenarbeiten scheinen nicht zu reflektieren

Ideen über die persönliche Eignung für eine Art von Arbeit oder die Art der

Zufriedenheit im Beruf gesucht werden. Sie sind mehr wie Artikel zu gezogen

zufällig aus einer Kleie Badewanne. Oder, wie Penney Lewis hat mir vorgeschlagen ,

können sie einen Wunsch für jede Art von normalen Job und nicht reflektieren ein

Leben der Haft in einer sicheren Krankenhaus. So oder so, die Abwesenheit jeglicher

Verweis auf einen Wert aufgeladen Bild deutet auf eine schwache Gefühl der moralischen

Identität.

Im Gegensatz dazu gab einige Antworten darauf hindeutet, Gedanken über persönliche

Entwicklung in verschiedenen Stadien des Lebens. Ein Mann war sehr bewusst

nachdem viele Jahre lang eingesperrt worden und so musste die nicht mit

Gelegenheit, sich zu entwickeln.

Wären Sie bereit, etwas über die Art von Person, die Sie sagen,

denken Sie vorher waren , und die Art von Person, die Sie denken, Sie sind jetzt ,

was gemeinsam und was ist anders? Q.L : Nun , bis mein Zeige

Straftat , die mich in Broadmoor im Jahr 1971 brachte , lebte ich im Grunde ein

Ebene. Ich habe gearbeitet , hart gearbeitet , bekam einen Lohntüte , traf meinen Kumpels an der

Ende der Woche , betrank sich , ging in Kneipen und Clubs und manchmal

in einigen kleinlichen Diebstahl verwöhnt , wissen Sie. Andere Zeiten, gelegentlich

haben in einem Kampf , betrunkene Kampf, und dieser Zyklus wiederholt sich jeden

Woche, für Jahre , bis ich eines Tages jemanden umgebracht und aufgewickelt in

Broadmoor ... Ich bin völlig gelangweilt mit institutionellen Leben ... Eines Tages ist der

gleich der nächste , wissen Sie , ich bin mit allem, was eingespeist , dass die

Institutionen zu bieten haben. Ich Erfahrungen im Leben brauchen, außerhalb , können Sie

wissen , sich zu entwickeln. Ich habe nicht wirklich eine Chance gegeben wurde , wissen Sie ... ich bin

54 Jahre alt jetzt , wissen Sie, wenn ich jetzt draußen , würde ich dazu neigen

assoziieren mit Menschen, die in ihrer Mitte der zwanziger Jahre , die das Alter war sind

Ich wurde ursprünglich gesperrt , du weißt schon ... Aber das Problem ist, dass Menschen

in ihrer Mitte der zwanziger Jahre jetzt nicht die gleichen sind wie die Menschen in ihren

Mitte der zwanziger Jahre , als ich in meiner Mitte zwanzig war . Ich finde es schwer zu bekommen auf

mit meiner eigenen Altersgruppe. Wissen Sie, warum Sie es schwer auszukommen

Ihre eigenen Altersgruppe ? Nun, ich habe an allem die Entwicklung verpasst

Stadien , wissen Sie , ich meine Menschen haben während der Zeit habe ich gesperrt

Sie haben die Menschen diese Erfahrungen hatten sie geheiratet haben, haben sie hatten Kinder , sie haben Hypotheken hatten , sie Urlaub im Ausland gehabt haben,

Autos, Geld in der Bank , Urlaub. Ich habe noch nie von diesen Dingen hatte ,

Sie wissen.

(Lawler, 06.05 .)

Ein anderer hatte Gedanken über moralische Entwicklung in verschiedenen Stadien der

Leben und seine Kommentare schlug auch einen ziemlich tiefen Gefühl der moralischen

Identität , dass er erkannte, in Konflikt mit seinen Handlungen in der Vergangenheit sein .

BF : Sie können sich eine Vorstellung von richtig und falsch, wie ein kleines Kind . Eine Menge

der das beinhaltet , eine Art " nicht zu deinen Eltern schreien " oder " Sie werden

essen alle , dass Lebensmittel , bevor Sie zu Bett "oder so , die eine ist zu gehen

Grundkenntnisse , aber ... wie Sie bis zum Jugendalter gehen, ist es nichts. Sie

haben , um neue Regeln zu lernen ... Wenn Sie sagen, lernen neue Regeln , wird er lernen

Regeln , oder ist es über das, was Sie wirklich über das Denken , oder was ist

es ? ... Ich denke, dass , äh , sehen Sie, wie Sie fit in. Sie lernen zu wollen

verhalten sich entsprechend , um diese Position zu halten. Und , äh , so denke ich ,

er hat das Ungestüm der Kindheit , um Platz zu geben und vielleicht zunächst

dann ist es eine Frage der Lernregeln ... aber das hält immer

bewusst sehr früh . Ich denke, Sie werden, was Sie werden wollen .

Das bin ich , das ist , wie ich will sie sich verhalten , ist das, was mein Gewissen

sagt mir, weil das ist, wo ich sein möchte . Haben Sie ein Bild haben

wie Sie sein möchten ? Ähm, ja , ich habe Ideen, wie ich möchte , um in sein

Gesellschaft und wie ich möchte , um Menschen zu reagieren. Ich meine, mein eigenes Selbst. Er,

Ich denke mal meine , äh . Ich war unwissend , habe ich nicht mit einer Reaktion

Gewissen wie es war und , würde Ich mag wirklich rückgängig zu machen , dass und verhalten sich wie

eine äh , humane Person rundum wirklich .

(FELLOWS 05.04 .)

Einige gaben Antworten , deren Tiefe oder Oberflächlichkeit war schwer zu klassifizieren .

Haben Sie ein Bild von der Art von Person , die Sie denken, Sie sind ? wenn

Sie waren auf sich selbst beschreiben ... was würden Sie sagen über sich selbst ?

Hinweis: Um, die Art von Person , die über andere Menschen denkt , bevor

mich ... Ich sorge mich um andere Menschen zu kümmern , bevor ich über mich selbst ... So

neigt dazu, dass mich als zu verlassen, sehr down , weil ich dazu neigen, alles, alles zu nutzen,

was ich in mir habe , auf andere Menschen zu geben und mit mir selbst verlassen

nichts. Äh, äh, ich bin sehr gut gesprochen , wenn ich will. Ähm , ich benutze Augen

wenden , wenn jemand mit mir spricht. Ähm, und ich bin eine angenehme, helle

jungen Menschen. Ja. Ich habe eine Seite von mir , wo ich nicht mag Tyrannen . ich

mag es nicht, Mobbing Menschen . Ich mag keine Autorität. Denn ein

gewissen Grac , äh, ich mag es nicht, unter Druck gesetzt werden ... Ich mag eine Menge

Raum um mich herum .

(BLACK 5 .)

Dieses Konto , wobei er sich auf den Wert aufgeladen Merkmale

relevante moralische Identität , hat auch Andeutungen von Oberflächlichkeit . es

ein so starkes Gefühl, ein aufopferungs Altruist , dass ein

Wunder , wie viel kritisches Denken und Selbstbewusstseinhat sich in den weg

Konto. Und es gibt einen Hauch von Beliebigkeit in den Kommentaren über Augen

zu kontaktieren, wobei angenehm ist und gut gesprochen . Es gibt einige Sinn

moralische Identität ausgedrückt , aber in einer Weise, die Zweifel aufwirft

ob das Selbstbewusstsein ist akut.

Wachstumsstörungen Das Wachstum der moralische Identität : Schuld und Selbsthass .

Gibt es Hinweise darauf, warum das Gefühl der moralischen Identität manchmal nicht zu entwickeln oder entwickelt sich nur in verkümmerten Form ? Wo funktioniert ein

seichten Sinne der Selbst her? Einige der zitierten Interview Antworten

früher vorgeschlagen haben, dass gezeigt Respekt ist wichtig für

Entwicklung einer robusten Sinn für die eigene Identität . Aber verweigert

Respekt ist nicht die einzige Sache , die das Wachstum von einem Gefühl der zurückhält

Selbst. Gemacht, um Schuldgefühle , schlechtes Gefühl über sich selbst , können auch

eine Rolle spielen. Einige der Befragten hatte eine Menge Schuldgefühle erlebt.

Welche Art von Dingen, die Sie gemacht wurden schuldig zu fühlen? I.I : Nun

- Entschuldigung - Masturbieren und Dinge, die Sie gemacht ... So wurden schuldig zu fühlen

darüber? Sehr viel sogar . Aber Sie sagen, dass Sie die Schuld von geschoben

Ihren Geist wirklich ? Nun, ja . Ich ignorierte es . Ich gewählt, um es zu ignorieren

weil es mir schlecht fühlen .

(Ibbott 3 .)

Manchmal werden sie gemacht wurden, um selbst für Dinge schuldig andere Menschen fühlen

hatte sie getan.

LJ : Ich hasste mich für die Dinge, die meine Mutter hat zu mir und Schritt

Bruder. Ähm , ich dachte, es war alles meine Schuld. Dass ich derjenige war, dass

wurde das Falsche .

(JACKSON 8 .)

Gemacht, um sich selbst zu hassen ist kaum eine gute Grundlage für die Entwicklung einer

Gefühl der moralischen Identität. Diese Last der Schuld in der Kindheit wirft auch ein

Frage nach dem " Mangel an Schuld " in der Cleckley Bild der

Psychopathen und die ist Teil der "Faktor One" in der Hare- Psychopathie

Checkliste . Ist diese Überlast der Schuld in der Kindheit dämpfen die

Fähigkeit, Schuld später im Leben fühlen ? Oder ist die Abwesenheit von Erwachsenen Schuld mehr Schein als Sein ?

Einige meinten, schlimm genug, über sich selbst zu fühlen, auch für Dinge beschuldigt

haben sie nicht getan .

Haben Sie jemals das Gefühl, schuldig Dinge ? N.B : Ich weiß , die ganze Zeit , ja.

Wirklich? Um, wenn jemand schlägt in einem Schließfach im Speisesaal oder jemand

schreibt etwas an den Wänden, und weil niemand weiß , wer es getan ... ,

Ich sitze da sich schuldig zu fühlen , denken, ich hoffe, sie sind nicht alle suchen

mich .

(BLACK 4 .)

Wenn die Befragten darüber gesprochen , ob sie schuldig, wenn gefühlt hatte ,

oder kurz nach der sie ihre Verbrechen begangen hatten , gaben sie sehr

verschiedene Konten . Manche taten passen die Cleckley -Hare- Bild mit

Sein Schuld frei . Aber sie verschiedene Konten , warum dies hatte gab

war es so . Einige meinten, sie Verbrechen ohne Opfer begangen hatte und so

fühlte sich nicht schlecht über das, was sie getan hatte , sagte aber, sie müssten

fühlte sich schuldig , wenn sie jemandem Schaden zugefügt hatten .

Haben Sie jemals das Gefühl, schuldig zu etwas, was Sie getan haben ? N.B : Äh,

(Zögern) Nein, nein . Sie würden nicht schuldig fühlen ? Sie würden nicht

fühlen sich schlecht über , etwas getan? Ich nehme an, ich fühle mich nicht schuldig

weil ich noch nie ein Verbrechen , wo ich buchstäblich betroffen begangen

jemand , wie ich in ein fremdes Haus eingebrochen und alles gestohlen ...

Weil ich aus einem Bürogebäude gestohlen ... es ist nicht wirklich beeinflussen

jemand , es ist nur , weil es niemandem gehört , ist es nicht

betont jemand da . Aber würden Sie vorsichtig, wenn Sie von einer Person gestohlen

Sie wusste ? Möchten Sie , dass sich schlecht fühlen ? Ich würde, ja.

(BLACK 05.04 .)

Andere sagten , dass jede Tendenz, sich schuldig zu fühlen wurde von der überwältigt

Hass sie fühlten .

Einige Leute denken, dass die Art und Weise Ihr Gewissen sagt etwas ist

falsch ist, dass man schlecht über sie fühlen. Aber andere Leute denken, dass das, was

Sie fühlen sich schuldig, ist nur eine Frage der Art und Weise Sie erzogen wurden .

O.A : Ja, ich denke, es ist wahr, auf beiden Konten. Es hängt von der Art und Weise

Sie erzogen wurden , was Sie für ... hm gebracht ... es ist ... ja ... ich

bedeutet , habe ich nicht verwendet, sich schuldig zu fühlen , weil ich zu viel Hass im Inneren

ich fühle mich schuldig , gegen jeden.

(ADDISON 4 .)

Andere sagten, fühlte eine Menge Schuld später , weil der mit zu konfrontieren

der Schmerz sie verursacht hatte , sagte aber, dass sie zu der Zeit hatte vermieden

Schuld , indem sie auf Scheuklappen .

Wenn sie nicht gemacht haben, überhaupt glücklich , sie haben andere Menschen verletzt und

sie dich verletzt hast , haben sie dich verletzen teilweise , weil sie andere verletzt haben

Menschen, und Sie fühlen sich schlecht über sie ? O.A : Äh, ja, aber dann ist es wie ,

seine , ich meine, wenn Sie nicht wissen, die Person , weißt du, was ich meine, Sie

es rechtfertigen, gut Sie es nicht rechtfertigen , Sie sehen sie nicht . Ja. Ich meine,

Ich erinnere mich, als ich verletzt diesen Kerl im Gefängnis, und seine Mutter war vor Gericht

und sie weinte , und dass ich mich fühlte, es war schrecklich , ich fühlte mich so

schrecklich. 'Cos war sie da , und ich konnte sehen, was sie tat. aber

äh, es ist wie ein Blinker Sache , du siehst nicht. Wenn Sie Sie gehandelt

wurden , wie Sie es nennen , Scheuklappen , die Sie nicht über die denken,

Folgen für die Menschen ? Aber ... Kinder, wenn sie zum ersten Mal tun, dass zu starten, wie wenn sie irgendwo und nick brechen ... sie sollten die Menschen konfrontiert ,

' cos gibt es nichts Schlimmeres, als bis zu jemand beschämt

Gesicht. Ich meine, niemand mag das, es ist schrecklich . So ist es nicht nur

Mitleid für die Person , die verletzt ist , es ist auch das Gefühl der Scham

darüber, wie ... Ja, Ja, aber alles, die ganze Sache ist sie zu sehen ,

Sehen der Auscruck auf ihren Gesichtern .

(ADDISON 13 .)

Einige sagten, sie zu der Zeit gefühlt hatte schuldig, aber hatte es nicht zugelassen.

QA : Im Fall von Mord tatsächlich , würde ich mit hängenden zustimmen. ich

haben zweimal zwei Menschen getötet, und ich vergesse es nie . Ich habe nicht nur

verletzen. Ich ihre Familie verletzt mental, nicht körperlich, sondern geistig ,

und ihre Lieben. Ich nahm sie weg von ihren Familien und

alles, was ...

Sie fühlen sich schuldig , was Sie in dieser Zeit gemacht haben? Ich fühle mich schuldig

über alles, was ich getan habe . In jenen Tagen fühlte man schuldig, aber

würde es nicht zugeben ? Ja. Ich fühlte mich schuldig , aber ich würde es nicht zugeben . Ich war

zu stolz . Früher habe ich weggehen und sagen: "Ich war nicht in Ordnung gibt ", um

mich selbst , aber ich würde nicht sagen, dass es niemandem , aber jetzt ich. "

(ASH 06.05 .)

Einer, der jetzt starke Schuldgefühle zum Ausdruck , sagte aber, er hatte nicht

fühlte sich schuldig an der Zeit war unartikulierte darüber, warum dies so gewesen .

Auf seinem Konto , zu der Zeit scheint er voll von Konflikten haben .

Obwohl er bestr tten, fühlte Schuld, sagte er, er versucht hatte , zu stoppen und

hatte fühlte sich angewidert .

LJ : Dann der Akt der Vergewaltigung ist heftig genug , um Christi willen , Sie kennen. Aber auch wenn ich das tat, hielt ich plötzlich , wissen Sie.

Was das , was ich hier mache ? Was ist los? Sie wissen schon. Ich habe versucht,

machen schwache Entschuldigung an die Frau , dumm lächerliche Entschuldigung an die

Frau , wissen Sie. Und ich trieb sie bis zu einer der Autobahntankstellen

und vor einem Polizeiwagen , der da saß wurde geparkt. Und das war

es . Ich war einfach total mit mir selbst angewidert . Ich habe nicht einen Dreck bekommen

was aus ihm heraus. Ich meine, sexuell , es hat nicht alles für mich tun

haupt. Gott sei Dank . Aber jetzt, denke ich , auch Sie wissen , ich meine, ich habe

versucht, ist alles, was ich hoffen kann , dass die Frau, die auch die Frau ist nicht

noch qualvollen darüber. Ich hoffe, sie ist in der Lage, mit zu bekommen auf

ihr Leben und legte es zur Seite. Offensichtlich , wird sie nie vergessen. ich

würde es nicht vergessen ...

Ich meine, es ist nicht nur ihr betroffen , es ist ihre Familie betroffen und

Freunde und solche Sachen. Diese Dinge , die Sie nicht zu denken. ich

nicht über sie sowieso denken. Ich jetzt tun . Ich meine, es gab Zeiten, in denen

Ich wünschte, ich könnte sie wieder zu sehen . Ja. Sie wissen , eine Art , sich nicht entschuldigen

genau, aber irgendwie ... Fühlen Sie sich ein bisschen schuldig ? Ja, ich

schuldig fühlen . Haben Sie in diesen Tagen fühlen sich schuldig, oder? Sie

Sie sagen, eine andere Person sind . Jetzt können Sie eine Person, die sich schuldig fühlt bist

über diese Art der Sache. Fühlten Sie sich damals schuldig

Dinge, die Sie besonders tat , oder nicht? Nicht wirklich. Warum denken Sie , dass

war ? Ich weiß nicht. Ich habe keine Ahnung .

(JACKSON 12.11 .)

SELF -CREATION UND LACK OF CONTROL : Die gute Seite und die schlechte Seite .

Einige der Befragten fühlten sich sehr verantwortlich für ihre eigenen Leben gewesen :

IQ: Ich habe immer das Gefühl , dass es drei Kategorien von Menschen in

Gefängnis und diese Betriebe . Es ist die traurige , die verrückt und die schlechten.

Ich glaube auch, dass Sie in einer von denen passt, und ich habe immer Klasse selbst

als schlecht. Nicht die traurig , nicht das verrückt, aber die schlechte ... Ich meine , wählte ich die

Ich habe Route nahm , allein mir. Ich meine, niemand sagt mir , Joe , du hast

habe , dies zu tun , hast du , dass "zu tun. Ich wählte es , so wirklich mein

Schicksal als solche wurde von mir festgelegt. Es wurde nicht vor dem festgelegten und

sagte: " Richtig, Ihr Schicksal in Broadmoor am Ende in 30 Jahren

Zeit . Ich meine, ich ging eigentlich die Straße, die mich hierher geführt . Wissen Sie,

niemand schob mich mit.

(QUESTOR 13-14 .)

Aber Berichte oft nicht in der Steuerung Gefühl waren häufiger :

JF : Manchmal in meine missliche Lage , ich weiß, ich falsch mache , auch wenn ich

weiß, dass ich tun sollte rechts. Auch wenn ich falsch gemacht , ich kann es nicht stoppen.

(Fall 6).

Sie wussten, dass andere Leute hassen, was auch immer es war. Du hast doch nicht

wollen es wissen. Welche Schmerzen wurden Sie selbst zum Schutz vor ?

II: Es passiert fast überall mit mir - ich eine psychologische

Eindruck kann Gefühle nicht richtig sein , und es ist nur eine Hilflosigkeit.

Es ist ein Gefühl, das auf irgendeine Art von Intensität führen würde , dass es

würde mich über den Rand zu schieben. Ich wäre nicht in der Lage, zu bewältigen.

(Ibbott 4 .)

LF : Ich weiß nicht , ich meine, ich weiß, das ist, was ich soll , ich meine, ich

müssen nicht alles selbst machen , weil ich immer dazu neigen, viel zu machen

Fehler und versauen ... Ich weiß wirklich , wenn ich an diesen Blick zurück

Dinge , ich weiß, was ich falsch gemacht war, aber bis zum mir nicht

immer die richtige , ich weiß nicht einmal denken, so glaube ich nicht, dass es

Entscheidungs dort.

Und Sie glauben, dass Sie nicht wissen, was Sie wollen? Nein, ich weiß, was ich will,

und ich , es scheint einfach nicht , äh , eine Art von Wirklichkeit. Funktioniert nicht als scheinen

aber, wissen Sie, ich es bekommen kann.

Es klingt , als ob Sie so freundlich sein wollen, aber manchmal ein wenig

Schwierigkeiten bei der Kontrolle der ... Ja, ich weiß , das ist die Sache , ich weiß was

Ich möchte zu sein, und wissen, wie ich handeln soll , aber es scheint alles einfach gehen

aus dem Fenster .

Es scheint mir , dass Sie eine ganz starke Sinn für Recht bekommen habe, und

falsch, aber es ist nicht immer einfach , um es in Ihrem Leben anwenden . Aber setzen

es in die Praxis , bin ich nicht , ich weiß, was was ist, aber ich weiß nicht , ich kann nicht,

Ich bin nicht sehr in der Lage, in die Tat umgesetzt .

(Farleigh 3 , 5-6, 9 , 14-15 .)

Aktion in der Eile oder in einem Moment der Wut kann das Leben eines anderen zu nehmen

und ruinieren ihre eigenen.

BF : Es geschieht alles in Episoden , aber ... obwohl wir hier sind für eine

Grund auf die ganze , äh es ist nicht so , wenn ... der Grund, nahm fast

unserem Leben. Sortieren von Instanzen von einer Minute , 5 Minuten , bei den meisten oder

etwas bringen uns hier.

(Fellows 11 .)

Einer berichtet, die Entscheidungen schnell und dann auf sie einwirkenden viel

später, aber ohne weitere Gedanken dazwischen :

Sind diese sehr übereilten Entscheidungen in einer Stimmung von starken Emotionen genommen ? L.F :

Ja, auch , übereilte Entscheidungen , die Art von Tagen oder Wochen erstreckt haben ,

weißt du was ich meine? Es ist eine übereilte Entscheidung , obwohl man manchmal

erwarten, dass eine übereilte Entscheidung, wie , zwei Sekunden später Sie gehen und sein

es tun, Sie denken , dann sind Sie gehen und es tun. Aber ich kann eine übereilte machen

Entscheidung über etwas, und dann irgendwie tun es zwei Wochen später. Sie D'

wissen, was ich meine? Ohne , und nicht , zwischen Denken über ...

(Farleigh 08.07 .)

Einige dieser Konten nicht voll im Griff haben Resonanz

außerhalb dieser Gruppe. "Ich weiß, ich falsch mache , auch wenn ich weiß, ich sollte

richtig machen " ist eine Erfahrung, die meisten von uns haben. Aber zusammengenommen

Kommentare deuten auf eine viel stärkeres Gefühl als normal zu sein

in einem internen Kampf besiegt : "Es scheint alles nur aus der go

Fenster "," scheint nicht , als ob ich es bekommen kann ", eine Hilflosigkeit, die

" Würde mich über den Rand zu schieben. Ich wäre nicht in der Lage, zu bewältigen. "Eine starke

Form dieses Gefühl der inneren Kampf und Niederlage in einem gefunden

Befragte , die s ch selbst als eine gute und eine schlechte Seite sah und Säge

Kontrollverlust als den Sieg der schlechten Seite über das gut.

FV: Mein Kopf - es ist alles durcheinander und ich habe wie eine gute Seite von mir

das ist jetzt mit dir, und dann gibt es eine schlechte Seite von mir, und wenn

die Seite kommt Ich fühle mich nicht schuldig, oder irgendetwas .. Also, auch wenn

es gibt zwei Seiten von euch , auf welcher Seite die wirkliche Sie? Der, den du bist

reden jetzt . Ist das richtig? Also, wenn jetzt könnten Sie Ihre schlechte Seite Dump

Sie würde so tun? Ja . Denn ich bin wie ein Tier. Wie ich schon sagte , ich

Menschen anzugreifen, für nichts. Und wenn man auf der anderen Seite sind, werden Sie

Dump Ihre gute Seite ? Es ist wie ein Kampf. Als ich dieses Mädchen erstochen , etwa zehn Minuten , bevor ich es gemacht habe , war ich mit dieser großen Schlacht in meinem

Kopf geht und auf -nicht tun , tun Sie es , tun Sie es , tun Sie es und so.

Es ging weiter und weiter , und am Ende habe ich es gemacht habe. Aber nachdem ich es tat, war es

wie ein Summen , wissen Sie, was ich meine. "Er sortiert die Hündin out" und solche Sachen

so. Ich sehe, Sie - die Hündin aussortiert und es gab Ihnen ein Summen . so

die schlechte Seite mag diese Art von Buzz. Ja - die schlechte Seite gefällt

Gewalt immer meine eigenen Rücken und solche Sachen. Die gute Seite -it

will nur ein normales Leben. Aber es ist wie eine große Schlacht. Manchmal habe ich

verlieren , denn ich hatte einen Kampf ein paar Wochen und die schlechte Seite war

Übernahme eine Menge und die Schwestern sahen es auch. Aber Sie nicht denken,

die schlechte Seite ist die wirkliche Sie dann? Wo kommt es her ? Ich weiß nicht

kennen.

(VERNON 5 .)

Es ist alles sehr weit entfernt von erfolgreichen Selbst Schöpfung. Doch einige

Befragten wurden mit psychiatrische Hilfe bei dem Versuch, zu ändern

sich . Aber der Aufwand könnte einen Kampf gegen immense Chancen scheinen .

AO: Ich weiß, einige der Gedanken habe ich falsch sind und einige der

Dinge, die ich gedacht und gesagt und tun möchte, sind falsch. So weiß ich,

dass ich denke , falsch ist oder falsch. Was macht Sie fühlen sich schuldig,

darüber , oder was macht Sie wissen, dass es falsch ist ? Ich glaube nicht, dass es

dass ich mich so schuldig. Es ist mehr , dass kann ich nicht aus meinem Kopf bekommen, für

Starter. Zunächst , natürlich, es geht nicht weg und ich kann nicht schlafen. es

macht mich unruhig. Er spielt nur in meinem Kopf ... Es macht mir Sorgen , dass

schließlich will ich diese Dinge zu tun , und ich möchte nicht besonders

will -schwer für mich eigentlich zu sagen "nein ", um sie ... Sind Sie mit

Gedanken über Menschen anzugreifen oder über Sex ... Sie beinhalten Entführung,

Vergewaltigung und Gewalt und Mord , so ... Wenn Sie wählen könnten , nicht zu haben

diese Gedanken ... Ich versuche, . Das ist eine Wahl, die hab ich schon

gemacht , dass ich versuche ... Es muss sehr schwierig, das zu tun. Ja . bei

der Moment, ich versuche chemische Kastration , auf den Phantasien zu arbeiten ,

was weg mit dem Sex und der Mord / Gewaltphantasientun wird, dass

Habe ich, aber ich bin nicht mit sehr viel Erfolg damit .

(ORTS , 4-5 .)

Manchmal einer der Befragten trotz der inneren Konflikt und

trotz der schrecklichen Dinge in der Vergangenheit getan , hat eine gesicherte

Gefühl der moralischen Identität : ein Glaube, dass ihre gute Seite war der eigentliche

Person , auch wenn es in der Vergangenheit verschlossen worden war.

Sie sagen , was Sie möchten . Sie möchten nach Ihrem Mutter zu suchen.

Sie sagen auch, dass Sie möchten, haben-Sie sagen , Zimmer für mich. O.A :

Ja, das Zimmer für mich. Was ist das? O.A : (lacht) Was bedeutet es

das? Ob Sie es glauben oder nicht, ich bin eine sehr sensible und liebevolle Person. ich

möchte in der Lage , jemanden zu zeigen , dass ich lieben und kümmern

ihnen .. Glauben Sie, dass Sie schon immer ein sehr sensibler und liebevoller gewesen

Mensch? Es war schon immer da gewesen. Ich habe gerade leugnete . Ich habe gerade versteckt

es , sagen wir mal .

(ADDISON 9 .)

Viertes Kapitel : Zwei Probleme der Interpretation.

Es gibt zwei offensichtliche methodische Probleme für diese Interviews .

Wie weit können die Antworten auf meine Fragen gegeben, wie wahrheitsgemäß akzeptiert werden?

Und ist , wenn die Interpretationen dessen, was sie gesagt haben Recht , wie weit die Psychologie beschriebenen Sonder , um Menschen mit der Diagnose ?

(Es gibt auch eine dritte , sehr tief, Frage. Was ist die angemessene

Einstellung zu dieser Gruppe von Menschen ? Ihr tragisches Leben erwecken Sympathie in

ein Interviewer . Sie haben auch erschreckende Dinge geschehen zu anderen Menschen

, die nicht vorhanden sind, um Sympathie zu gewinnen. Gibt es eine emotionale Balance,

zwischen der Härte der ignoriert die Traurigkeit der patienteneigenen

ruinierten Leben und eine sentimentale Sympathie, die ausblendet , was sie taten

zu anderen? Diese Fragen werden hier beiseite , bis der Teil der gesetzt werden

Buch über " Psychiatrische Störung , Kontrolle und Verantwortung" .)

DIE FRAGE DER Vertrauenswürdigkeit.

Zentral für die Cleckley Konto des Psychopathen ist das Bild der

jemand hereinlegen und manipulativ. Dieser Ruf erstreckt sich auf die in

der breitere Kategorie der antisozialen Persönlichkeitsstörung . So gibt es

eine offensichtliche methodische Problem. Kann Dinge, die in den Interviews

trauen?

Normalerweise wird eine Entscheidung darüber, ob zu vertrauen, was jemand sagt, zeichnet auf

zwei Quellen . Es ist eine intuitive " Lesen " der Person , basierend auf

Hinweise darauf , wie Blickkontakt, Haltung , Tonfall und die Wahl der

Worte . Und vielleicht gibt es unabhängige Beweise , entweder über das, was

oder über die Vertrauenswürdigkeit der Person.

In diesen Interviews war ein intuitives Lesen nicht immer einfach. in einer

oder zwei Fälle , fühlte ich, dass die kalte, unpersönliche Antworten gab keine Ahnung

über ihre Vertrauenswürdigkeit. (Es sei denn, diese Art von Reaktion ist selbst ein

Zeichen der Unzuverlässigkeit , aber das scheint nicht auf der Hand.)

Gelegentlich wird die Stimme des Therapeuten schien hörbar. sitzend gegenüber ein sehr harter aussehenden Mann , kann es sein , ihn zu hören beunruhigend

sprechen nun mehr in Kontakt mit seinen Gefühlen .

Zum größten Teil habe ich bekommen intuitive Eindrücke. Aber zuerst gab es

eine Barriere zu durchbrechen . Ankunft in Broadmoor , bekomme ich einen großen Haufen

der Schlüssel zu der verriegelten Umfang Gate und den geschlossenen Türen auf der

Weg zu den Stationen. Ankunft auf der Station , gehe ich in der Krankenschwester. Er nennt

den Patienten und nimmt uns beide mit dem Interview-Raum . Also ich erscheinen , wie

ein Gefängniswärter mit einem klirrenden Schlüsselbund am Gürtel , in der Gesellschaft von

jemand wohl als Autoritätsperson gesehen . Und , im Vergleich zu vielen

Menschen, die ich interviewen kann die Art, wie ich reden Unterschiede reflektieren

soziale Klasse und Bildung. Es kann anderen Menschen vergangener Begegnungen mit erinnem

Lehrer , Anwä te oder Richter.

Ich versuche, die Barriere brechen , aber es braucht Zeit. Vor der Abreise

die Krankenschwester kann forsch gesagt haben, " Robinson, Sie eine Forschung bekommen haben

Interview. Ho en Sie sich in den Interview-Raum . "Als wir uns hingesetzt

zusammen , sage ich, "Mein Name ist Jonathan Glover . Ich bin glücklich, aufgerufen werden

Jonathan . Möchten Sie mir, Ihnen Mr. Robinson oder Frederick nennen? "

In der Regel ist die Antwort nach dem Vorbild der " Fred tun wird " . die

Befragte hat einen kurzen Bericht über das Projekt gesehen, und zugestimmt hat

zum Interview . Aber ich verdeutlichen, dass ich noch nicht gekommen, um über Fragen

seine Straftat . Ich bin gekommen, um , wie er meint, zu fragen,

einige Frager über Recht und Unrecht , und dass er nicht zu haben,

beantworten , was er nicht will . Aber bisher wenig getan worden,

die Höhe der Barriere zu reduzieren.

Normalerweise ist die Atmosphäre besser wird während der Stunde oder so von der

Interview. Ich stelle Fragen in einer Art, wie ich hoffe, ist freundlich und

respektvoll. Zum Teil scheinen sie zu erwärmen ist gefragt wie

sie denken und wie sie die Dinge sehen . Mit etwas Glück , kann es über den Weg

Ich weiß wirklich finden, was sie sagen, sehr interessant .

Ich legte meine Tonbandgerät auf den Tisch zwischen uns und schalten Sie es ein .

Denn ich bin ungeschickt mit solchen Dingen , nach ein oder zwei Minuten , sage ich,

" Lass uns einfach überprüfen, ob das Ding funktioniert ." Manchmal finde ich nichts

wurde aufgezeichnet und dann tüfteln mit ihm eher inkompetent . die

Mann gegenüber sieht mich mit zunehmender Skepsis und dann sagt

etwas wie, " Nein, nein, das nicht. Hier lass es mich tun " , und dann

ordnet es, wie es sein sollte. Das ist nicht etwas, was ich konnte (oder wollte

wollen) bewusst gesetzt , aber sein Geschehen hilft Dinge zusammen .

Da die Barriere bricht ein wenig, ich beginne eine intuitiv zu bekommen

Eindruck von der Person. Gelegentlich höre ich eine falsche Note in

was gesagt wird. Wenn dies geschieht, wird in der Regel zu einem Gefühl verbunden, dass

die sprechende Person glaubt , zu Unrecht , dass macht einen guten Eindruck

auf mich kann seine Fortschritte in Richtung Entlassung zu helfen. (Wenn er glauben,

es ist trotz Erklärungen , dass ich nicht auf die Broadmoor befestigt

Mitarbeiter.)

Aber für den größten Teil, der Blickkontakt , die Ausdrücke des Gesichts und der

der Ton der Stimme vorschlagen Echtheit . Ein paar von denen, die ich sehen, sind sehr

schwer zu bekommen , ausführlich zu sprechen. Sie scheinen sehr undeutlich oder

sonst von der Neuheit oder scheinbare Kuriosität der Fragen verunsichert .

Oder es besteht die Möglichkeit, dass die Sprechflüssigkeit kann

in den Jahren ihrer Gefangenschaft verkümmert . Nichts davon scheint wie ein trügerisch Pose. Aber diese sind in der Minderheit. Die meisten anderen kommen, um

scheinen recht zufrieden , diese persönlichen Fragen zu fragen, ihre

Werte und ihre Sicht und gerne zugehört . sie

oft über- Fahrt , was ich über das Interview nicht etwa die

ihre Straftat . Manchmal scheinen sie begierig, sie zu diskutieren, wie

wenn es etwas. was sie sind daran interessiert, zum Ausdruck bringen. Und oft , ohne

aufgefordert , es gibt Dinge, sie scheinen zu gießen zu wollen,

ihrer Kindheit. Mit all dem , was kommt manchmal über ein

angetrieben Qualität in dem, was sie sagen. Es scheint eher emotional aufgeladen

als berechnet .

Natürlich könnte die brillant trügerisch Cleckley Psychopathen kommen

über wie diese. Eine Gefahr, zu sehr von der Cleckley beeinflusst

Bild von der manipulativen Betrüger ist, dass es unmöglich machen

für alles, was überhaupt als Beweismittel gegen sie zu zählen. Zeichen normalerweise

was auf einen Lügner getroffen werden, um die Unehrlichkeit zu bestätigen, und Zeichen

normalerweise darauf hindeutet, Ehrlichkeit getroffen, um die brillant bestätigen

manipulative Handeln. Wenn die Cleckley Bild ist anfällig für zu sein

mögliche Beweise gegen ihn muss es eine Möglichkeit, ein sein

Interpretation , die darauf hindeutet, manchmal dauert Signale auf Echtheit

Nennwert. Wir alle stehen vor dem Problem der anderen Köpfen die ganze Zeit. wir

alle "lesen" sich gegenseitig, und wir mit absoluter Sicherheit wissen , dass nie

eine bestimmte Lektüre ist richtig. Aber ein großer Teil der Zeit haben wir

ziemlich guter Grund für unsere Interpretationen , trotz der Tatsache , dass wir

manchmal nicht einig, wenn das so ist.

Mit den Menschen, die ich interviewte , gibt es manchmal unabhängig

Beweise. Eine offensichtliche Cleckley -Typ- Gedanke ist sie über die Konten

gab ihrer verzweifelten Kindheit . Making up Geschichten dieser Art

könnte ein offensichtlicher Trick, um Sympathie zu gewinnen und sich entschuldigen

von der Verantwortung für die schrecklichen Verbrechen, die sie begangen haben .

Psychiater , die in Broadmoor - Gruppe nicht viele würden von den Verdacht

liegen , um ihre Patienten zu verbessern Ruf - haben im Gespräch , sagte

dass die große Mehrheit der Patienten , 80 % oder mehr, mussten solche

Kindheit .

Natürlich, für vieles, was sie sagen, es gibt keine zur Verfügung Prüfung mit

unabhängige Beweise . Intuitiv , sagten die Dinge schienen meist aber

- nicht immer echt. Solche Interpretationen sind zu einem gewissen Grad

subjektiv, und die Lektüre der zitierten Antworten manchmal vielleicht lieber

ihre eigenen Interpretationen zu den hier vorgeschlagen.

Wie weit ist der Psychologie, die der antisozialen DISTINCTIVE ENTSTEHT

Persönlichkeitsstörung?

Um diese Menschen zu interviewen war, zu versuchen , die Teile ihrer inneren Einblick

lebt, um mit ihren Werten , Moral und Gewissen zu tun. Aber selbst wenn

Das Bild hier ist in etwa richtig, wie unterschiedlich ihr Innenleben

von denen viele andere Menschen ? Es wurde vorgeschlagen, dass ihre

eine Befehls Moral , Ideen primitiver Fairness , Wut,

Oberflächlichkeit des moralischen Denkens und eine flache Vorstellung von sich selbst,

eine Tendenz, sich auf Blinker gesetzt und der Bau einer Schutzmauer

gegen die verletzt oder von anderen Menschen gedemütigt. Aber jeder von ihnen ist

in vielen , die keine psychiatrische Diagnose gefunden zu haben . Was sind die

Implikationen für die Nützlichkeit des Kontos, das entsteht

aus den Interviews ? Und was sind die Folgen für den Nutzen

der Kategorie der antisozialen Persönlichkeitsstörung ?

Nehmen Sie eine der offensichtlichen Merkmale der ihr Innenleben . Einer von ihnen

sagte: " Sie bauen diese defensive Mauer" . Aber ist das wirklich ein

markante Reaktion dieser Gruppe von Menschen ? Ted Hughes schrieb

etwas in einem Brief an seinen Sohn Nikolaus , die ein Echo in finden

viele Menschen. Er erwähnte, ein Gefühl der Unzulänglichkeit Menschen haben , das Gefühl

nicht mit einem stark genug Ego , mit Innen Stürme zu bewältigen. Er verknüpft

diese an die gefährdete Kind noch in jedem von uns :

"Jeder versucht, schützen diese gefährdete zwei drei vier fünf sechs

sieben acht Jahre alten innen und Kompetenzen und Fähigkeiten erwerben, für

Umgang mit der Situationen, die es zu überwältigen drohen . so

jeder entwickelt eine ganze Waffenrüstung Sekundär Selbst, die künstlich

konstruiert Wesen, das mit der Außenwelt befasst , und der Andrang der

Umstände . Und wenn wir Menschen das ist, was wir in der Regel treffen ...

Das ist, wie es ir fast jeder ist . Und das kleine Geschöpf ist

dort sitzen , hinter der Rüstung und spähte durch die Schlitze ... Jeder

einzelne Person ist anfällig für unerwartete Niederlage in diesem innersten

emotionale Selbst . Zu jeder Zeit , hinter die effizienteste scheinbare Erwachsenen

außen, wird die ganze Welt der Kindheit der Person sorgfältig

wie ein Glas Wasser über den Rand prall gehalten . " (Hinweis auf

CHRISTOPHER REID (Hrsg.): LETTERS OF TED HUGHES , LONDON, 2007, Seiten

513-514 .)

Natürlich ist die Aussage von Ted Hughes nicht garantieren, dass

jeder entwickelt eine Schutzmauer : " eine ganze Waffenrüstung Sekundär

Selbst " . Aber, wenn viele von uns , sein Denken reagieren mit einigen

Anerkennung bedeutet dies, dass die Wehrmauer werden kann schützen

weit mehr Menschen als die Diagnose der antisozialen Persönlichkeits

Störung. Um herauszufinden, wie viele andere Menschen , und zu erfahren , ob die

Wand ist häufiger oder stärker in die mit der Diagnose, würde

müssen subtile empirische Untersuchung .

Wenn diese Interviews hatten eine Kontrollgruppe hatte , wäre es gewesen,

möglich ist, zumindest im Prinzip , um zu sehen , ob der Wehrmauer war

häufiger bei der Broadmoor -Gruppe. Aber in der Praxis würde

immer noch schwierig gewesen, Fragen der Interpretation. Unterschiedliche Steuer

Gruppen können verschiedene Grade der Kontrast zu erzeugen, oder sogar die

Differenz zwischen irgend Kontrast und keine. Und wie weit ist die

Unsichtbarkeit jeder Mauer ein Zeichen, dass keiner vorhanden ist ? Oder wie weit

legt sie die Fähigkeit, mit der die Wand selbst kann

defensiv verborgen ? Einige dieser Möglichkeiten bringen eine

Vorteil des Denkens der Menschen mit psychiatrischen Störungen in Form von

Positionen auf verschiedenen Dimensionen der menschlichen Psychologie.

Die "Dimensionen" -Ansatz ist eine Alternative zu einer starken psychiatrischen

Tradition der Ansicht einer medizinischen Störung als alles oder nichts beeinflusst :

entweder eine Person etwas tut oder nicht hat. Auf diesem Ansatz

bipolare Störung, oder antisozialen Persönlichkeitsstörung , ist eine Kategorie

wie Mumps, mit einem klaren Ja oder keine Antwort auf die Frage, ob

es ist vorhanden . Diejenigen, die mit diesen Erkrankungen leben separaten Boxen , schneiden

sich von Variationen in "normalen" Menschen gefunden. Die alternative Ansicht ist

gefunden unter vielen Psychologen . Die Betonung der " Dimensionen der

Persönlichkeit ", schlägt die wir alle irgendwo auf einem Kontinuum zwischen sind ,

zum Beispiel , emotionale Stabilität und manische Depression . Nach dieser Auffassung ,

es gibt einige Willkür bei der Cut-off- Punkt für psychiatrische

Störung.

Dieses Konto des Kontrast hat es auf eine Vereinfachung geschärft :

Verlassen Sie d e Qualifikationen, die die beiden Ansätze näher bringen

einander . Aber es gibt reale Unterschiede der Betonung. Unterstützer von

die Ansicht " Kontinuum " können die anderen machen psychiatrischen beschuldigen

Patienten fremder als sie sein sollten. Unterstützer des " alles oder

keine " Ansicht kann sagen, dass die " Kontinuum "-Ansatz der under

Scheidungs von psychiatrischen Störungen . Wie in anderen Teilen

Medizin kann jeder Ansatz einige Erkrankungen besser als andere passen.

Fragen zu der Kategorie der antisozialen Persönlichkeitsstörung

bleiben . Ist es eine sinnvolle Kategorie? Wenn ja, ist es , wie weit "trennen ", wie

gegen eine Frage des Seins weiter auf verschiedene Arten von Kontinuum ?

Der Bau der Mauer ist nur eines der Features, die

kann unverwechselbar sein . Aber nehmen Sie diese Funktion , wenn Ted Hughes war richtig,

die Mauer ist noch lange einzigartig in denen mit dieser Diagnose .

Aber selbst wenn er recht hat , können sie entweder wie eine Mauer bauen mehr

oft , oder bauen eine höhere und befestigte ein .

Diese Dinge , die wir noch nicht wissen, lassen Sie die Frage nach dem Status

der Kategorie der antisozialen Persönlichkeitsstörung in der Luft . die

Interviews zufolge gibt es psychologische Clustern dass viele von ihnen

gemeinsam haben , um so mehr, als bei den Menschen im Allgemeinen. Wenn dies wahr ist

der meisten Menschen mit der Diagnose, legt dies nahe, die Kategorie tut haben etwas zu. Aber ich kam auch weg mit dem Eindruck, dass

denken zu viel in Bezug auf die Diagnose , mit all den Assoziationen

aus der Tradition Cleckley abgeleitet , in der Art zu sprechen zu bekommen

ihnen zu hören, was sie sagen, und der , wie die Menschen sehen, wie sie sie

sind .

KAPITEL FÜNF : KOMMT NACH SHAKESPEARE BROADMOOR .

HAMLET : Ich habe , dass schuldig Kreaturen in einem Spiel gehört,

Haben Sie von der sehr schlau der Szene

Wurde so geschlagen, um die Seele ...

... Das Spiel ist das Ding

Wobei ich das Gewissen des Königs zu fangen.

Die Aufgabe helfen diese Gruppe von Menschen enthalten oder entwachsen ihre

gewalttätigen Impulse ist komplex. Die meisten von ihnen sind Menschen, deren moralische und

emotionales Wachstum wurde gebremst . Zu einem großen Teil auf eigene

Konto , das war , weil sie Kinder, die nicht geliebt wurden, waren . viel

der Schaden kann nicht rückgängig gemacht werden. Nichts wird die Menschen zurück zu bringen

einige von ihnen getötet. Nichts wird entfernen Sie die physische oder psychische

Narben auf diejenigen, die sie angegriffen oder vergewaltigt. Und für sich selbst,

nichts wird abwischen die Ablehnung der Kindheit , gefolgt von der Gesellschaft

Ablehnung nach ihrer Kriminalität, oder die Tatsache, dass so viel von ihrem Leben

hat in Gefangenschaft verbracht .

1 . Wiederbelebung und Pflege moralische und emotionale WACHSTUM.

Aber vielleicht etwas von der psychologischen verkümmert Wachstum kann wiederbelebt werden.

Die verkümmerte Teile umfassen Empathie und Sympathie. Auch verkümmert ist die

Fähigkeit, von der Oberflächlichkeit in die Tiefe zu bewegen. Es besteht ein Bedarf für

Beispiel, um den Respekt für andere Menschen zu entwickeln , die über geht

lassen Frauen zuerst durch die Tür und anderen konventionellen

Höflichkeit. Sie müssen auch helfen, mit dem Aufbau einer kohärenten moralische

Identität , wird ein Gefühl dafür, wer sie sind, dass es ihnen zu leben

draußen in der Welt und in Frieden mit sich selbst zu leben .

Einige dieser Arten von Wachstum sind miteinander verknüpft , ob es richtig ist , dass " andere ist

Menschen nicht in der sehr realen , um sie nicht sehr " wird mit gebunden "

real für sich selbst " . Vielleicht Empathie, Mitgefühl und Respekt für andere

in der Kindheit durch Pendeln gelernt : durch sich selbst

gezeigt Empathie, Sympathie und Respekt. Und da diese dieselben gezeigt

Dinge kann wichtig für das Wachstum von einem Gefühl der moralischen Identität

und der damit verbundenen Umzug von Oberflächlichkeit , etwas tiefer.

Diese Vermutungen legen nahe, zwei Ansätze . Einer ist , zu versuchen, ziehen

tieferen emotionalen Reaktionen , die auch regen sie zum Nachdenken

auf sich selbst und auf deren Werte. Dies bedeutet, tief im Inneren erreichen

ihnen, und es kann eine Frage zu , ob die Ergebnisse rechtfertigen

die mögliche Not beteiligt. Die zweite , verwandt ist, ist Strategie

ihnen helfen, in Beziehungen, die sich engagieren ziehen gegenseitige emotionale

Antworten und gegenseitigem Respekt. Beide Ansätze kann auf etwas lenken

sehr verschieden von der Ablösung oft angemessen gedacht

Profis.

" Der Versuch, wieder zu beleben " , anstatt einfach "wiederbeleben " , ihre emotionale

Wachstum , denn Erfolg kann sehr begrenzt sein. Vielleicht Kapazitäten kann

Atrophie , wenn sensible Phasen für ihre Entwicklung verpasst worden ?

Kleine Kinder können sich einen neuen Sprache mit einem perfekten Akzent,

Erwachsene finden in der Regel sehr schwer oder unmöglich ist. Gibt es ähnliche Schlüssel

frühen Perioden für Teile der emotionalen und moralischen Entwicklung? wenn ja

vielleicht zu spät, ist es gut, alle , die verloren gegangen zu machen. Aber, genau

als Erwachsene noch Sprachen zu lernen , kann emotionale Spätstartertun

einiges aufzuholen. Der einzige Weg , um herauszufinden, ist, zu versuchen .

2 . Den "bezahlten FRIENDS" PROBLEM .

Was ist in ihnen helfen, in Beziehungen engagieren beteiligt? Eine Frage,

ist mit denen, die diese Hilfe geben würde . Wer würde sie sein? Wie würde

sie setzen darüber, und in welchem Kontext ? Würden sie "bezahlte Freunde" zu sein,

mit der Manipulation und der Mangel an Echtheit , die impliziert ? Dieser Zweifel

ist nicht marginal, und vielleicht keine Strategie oder Technik wird komplett

Runde bekommen es . Aber mit verschiedenen " Nicht-Standard " experimentieren

psychiatrische Ansätze zeigen , wie weit jedes gelingt oder scheitert .

Einige Ansätze , einmal " Nicht-Standard " , wie Kunsttherapie und Drama

Therapie, sind heute ein sichtbarer Teil des Mainstream. Selbst wenn es eine

Element des gezahlten Freund über das Drama Therapeuten , da kann immer noch

sein, echte Vorteile . Peter Brook, in den leeren Raum , beklagt , dass für

viele Menschen , die Theater und andere Künste sind nicht eine Notwendigkeit, sondern ein

optional erhältlich. Er vergleicht diese mit den Bedürfnissen der psychiatrischen

in - Patienten manchmal von Drama -Therapie erfüllt . Themen von den vorgeschlagenen

Patienten mit Hilfe des Therapeuten dramatisiert , kann sowohl zu zeichnen

diejenigen, die handeln, und diejenigen, die in die Erörterung von Fragen sehen sie alle

Aktie. Unter keinen Blick , ob dies hilft Behandlung von psychischen Störungen ,

Brook sagt der gemeinsamen Erfahrung leicht verändert , wie sie wieder mit

einander . "Als sie den Raum verlassen , sind sie nicht ganz dasselbe wie als sie eintraten . Wenn das, was geschehen ist, ist erschütternd gewesen

unangenehm, sie sind im gleichen Maße gestärkt , als hätte es

es große Ausbrüche von Lachen ... einfach , sind einige Teilnehmer

vorübergehend , leicht , mehr am Leben . " (Verweis auf den leeren Raum ,

SEITEN 148-150)

Der Ansatz, beschrieben zu werden ist nicht normal Drama -Therapie. es ist

die den Patienten eine Chance, kraftvoll gehandelt Stücke, die tief gehen sehen

in Dinge, die ihr eigenes Leben verdunkelt haben .

3 . SPIEL SHAKESPEARE IN BROADMOOR .

Vor allem wir wenden uns an die gedämpfte Orgel, die Phantasie.

Es ist wie der Arzt Kunst, oder die Kurtisane . Der Arzt kann nicht lieben

jeder Patient kann die Kurtisane die Liebe nicht jeden Kunden . Es ist üblich,

Menschen , die Sie am Laufen hält. In diesem Sinne hat jeder Akteur unterzeichnet

ein ungeschriebenes hippokratischen Eid .

Simon Callow : Als Schauspieler .

Mehr als ein Jahrzehnt vor den Interviews in Broadmoor beschrieben in

Dieses Buch fand das Krankenhaus eine bemerkenswerte Reihe von Theater

Performances. Zwischen 1989 und 1991 , die Royal Shakespeare Company,

das Royal National Theatre und anderen Gruppen nahm, um einige der Broadmoor

Shakespeares Tragödien : King Lear , Hamlet, Maß für Maß und

Romeo und Julia. Weil so viele von denen in Broadmoor Aufenthalt beschränkt

es eine lange Zeit, ist es wahrscheinlich, dass einige der Leute, die ich interviewt

waren in den Zielgruppen. Auch wenn nicht, wird das Publikum aufgenommen haben

Menschen ähnlich zu denen , deren Werte und Geschichte habe ich versucht

skizzieren . Diese Leistungen und ihrer Rezeption , empfehlen einige unkonventionelle Ansätze zur Pflege moralischen und emotionalen Wachstum.

Dieses Kapitel Titel wird aus dem Titel des Murray Cox ausgeliehen

auffällig Buch Shakespeare kommt nach Broadmoor . (In diesem Kapitel zeichne ich

enorm an diesem Buch , als auch auf seine anderen Buch Shakespeare als

Prompter .) Murray Cox war ein Berater Psychotherapeut in Broadmoor .

Er hatte einige Jahre im Ruhestand , bevor ich es für die Interviews , aber

Menschen , die dort arbeiten noch manchmal leuchtet in der Erwähnung seines

nennen.

Mark Rylance traf Murray Cox auf einem Symposium in Stratford. Er war

Hamlet und spielt derzeit , über Kaffee, schlug er vor , dass " es wäre

gut, wenn wir konnten , um Hamlet Broadmoor zu bringen " . So wurde der Hamlet

erste in der Reihe von Stücken in der Klinik durchgeführt. Fast ein

Viertel der Patienten angewendet, um teilzunehmen. Trotz der Entscheidung, nicht zu

psychische Schäden zu riskieren , um Patienten, die zu anfällig sein könnte ,

keiner von denen, die angewendet wurden ausgeschlossen. Das Publikum ebenfalls enthalten

einige der Krankenschwestern und andere Mitarbeiter. Nach der Vorstellung der Besetzung und

das Publikum mischten und redeten miteinander . Ein paar Monate nach Hamlet

kam Romeo und Julia, die von Maß für Maß befolgt werden und

schließlich König Lear . Nach der letzten Aufführung einige der Zuschauer

beschlossen, sich auf den Aufenthalt für einen Workshop, in dem sie ihre Erfahrungen ausgetauscht

mit der Besetzung.

4 . ERREICHEN DEEP INSIDE .

GERTRUDE : Du turns't meinen Augen in meine Seele .

Beide Akteure Psychiater und zeugen von der Art, wie die Stücke manchmal

tief im Inneren des Patienten erreicht .

Rob Ferris, ein Consultant Forensic Psychiater , sagte, dass die

psychiatrischen Versuch, den Patienten helfen, einen Einblick in ihre

Gewalttaten of: nicht . Aber " Was mir auffällt ist die Macht der

Theater, die Macht der Performance , um sie zu bekommen, sich ihnen zu nähern ,

mit ihnen zu kcmmunizieren . " Er sagte, dass Jahre der Therapie manchmal

haben wenig offensichtlichen Vorteil ", doch an einem einzigen Nachmittag kann ich das Gefühl,

Macht dieser Leistung , sie zu erreichen , und ihre Fähigkeit,

reagieren. "

Die Schauspieler waren manchmal wissen um die besondere emotionale Ladung gegeben

, die Gelegenheit einfach durch ihr Sein in Broadmoor . Brian Cox, der

König Lear spielte , drückte dies :

Lear war rau Produktion von Anfang an , und ihr Leben davon abhinge

sein Publikum   Wenn es ein Publikum tot , es war eine tote Leistung

weil wir nicht etwas, das nicht da war wiederzubeleben . wir

könnte nicht das Leben geben, um etwas, das nicht da war. In Broadmoor Sie

hat nicht das Problem , weil die ganze Veranstaltung ist theatralisch. zu

zu spielen, um ein Bündel von psychiatrischen Patienten ist eine theatralische Sache zu tun.

Der Akteure eigenes Gefühl für das, was es in den Stücken manchmal gab

sie Ideen, was ihre Leistung könnte den Patienten zu bringen.

Brian Cox reflektiert auf King Lear :

Es geht um Tod , es geht um die Annahme Ihrer Seite , zu akzeptieren, dass in meinem

Anfang ist mein Ende ; dass Sie ernten, was man sät , es sei denn, Sie machen

ändert schnell und Wiedergutmachung in Bezug auf sich . Eigentlich ist es

über die Suche nach unseren eigenen Frieden, der muss für diesen tragischen Menschen

bei Broadmoor .

Ein Patient hatte eine Antwort, die sehr nahe an dieser Hoffnung kam :

Wenn Lear gestorben fühlte ich mich ein überwältigendes Gefühl von Verlust, und reißt Reit

über meine Wangen . Ich wollte unbedingt hingehen und umarmen Lear Leiche.

Ich spürte das Gefühl der Vereinigung im Tod zwischen Lear und seine Töchter.

Auch das Gefühl von Frieden und Ganzheit in den Tod ...

Die Stücke haben mit dem Bewusstsein der Patienten " widerhallen ihre

Situation und der eigenen Geschichte . Brian Cox darauf hingewiesen, einige Antworten auf

Lear :

Als ich sagte , "Gibt es eine Ursache in der Natur, diese schwer macht

Herzen? " ein Mädchen schüttelte traurig den Kopf von Seite zu Seite in einer sehr

schmerzhafte Art und Weise .

In der Wahnsinnsszene , lachte das Publikum , mit einer bestimmten Qualität zu

es war die ganz aufregend. Es war die Linie, die beginnt : "Was !

Ar't verrückt? Ein Mann kann sehen, wie diese Welt geht ohne Augen ... Keiner tut

beleidigen, keine , sage ich, keine. " Und es war außergewöhnlich, wenn ich sagte, dass

Linie .

Als ich sagte : "Oh, lass mich nicht verrückt sein " , so wie der Satz hallte

runden das Zimmer war außergewöhnlich ...

Die Patienten selbst der Links sie mit ihrem eigenen Leben gemacht sprach :

Hamlet , die Person hätte auch meine Mutter, Bruder , Schwester und

auch nur ein Freund , und wie sie fühlte, dass ich lernen , ihre

Bruder , hatte getan, was ich getan hatte, so - es hat eine Menge von Bedeutung ... Ich

hoffe, Sie verstehen.

Hat was diese Links stimulieren Reflexion über sich selbst? A

Berater sagte Brian Cox , dass mehr als ein Patient von ihr genannten

Dinge entlang der Linien von "Ich habe so beneide die Fähigkeit von Cordelia und

ihr Vater , ein Abschied haben ... es hat mich über meine eigene denken

Situation, vor allem , bevor ich meine Eltern ermordet . "

Und einige Kommentare Publikum vorgeschlagen Gedanken tiefer und ernster

als der flache Konventionalität und den Befehl Moral bemerkbar

in einigen der " sokratischen " -Interviews:

Eines der Messer Szenen erinnerten mich an einen Vorfall , als ich drohte

eine Ex- Freund n , und sie zu mir nach Hause gebracht die Angst spürte sie einfach ...

Angst, weil ich fühlte, gerade die gleichen . Es ist auch zu mir nach Hause gebracht

Verbindung , wie wir unser Elend durch unsere eigenen destruktiven Gefühle

Bitterkeit und Rache ... Wenn wir nur lernen könnten , sich nicht auf zu handeln

impulsiven Drang der Rache , so würden wir verringern die Menge der Tragödien

in dieser Gesellschaft .

. 5 Schauspielern und Zuschauern : etwas zurückgeben .

Um zu einem großen und sympathischen Publikum zu spielen ist wie das Singen in einem Raum

mit perfekter Akustik. Das Publikum bildet die geistige

Akustik für uns. Sie geben zurück , was sie von uns als Lebens erhalten ,

menschlichen Emotionen.

Konstantin Stanislawski : Ein Schauspieler bereitet .

Eine Beziehung zu beginnen habe , um zwischen Schauspielern und Publikum zu entwickeln.

Manchmal geschehen Dinge, wenn sie nur vor oder nach der Vermischung

das Spiel . Georgia Slowe (wer Juliet gespielt) bemerkt, was passiert , wenn

einem Patienten angeboten Jenny, die die Krankenschwester spielte, eine Tasse Kaffee :

Sie drehte sich geistesabwesend und streichelte ihn am Arm : "Nein danke,

darling " . Ich war hinter beobachten den Mann, und es war sein Ausdruck mir aufgefallen , dass , wenn dieses schöne mütterlichen Frau streichelte ihn und rief

ihn " Liebling" in einer Art und Weise abwesend ; es war einfach ein wunder

Ausdruck . In diesem Moment fiel mir auf , dass hatte Jenny hatte er als seine

Mutter , könnte er nie dort gewesen ; sein ganzes Leben haben könnte

waren sehr unterschiedlich.

Nach einer Performance Ron Daniels, der Hamlet gerichtet , wurde von einem erzählt

Patienten , dass dies nicht , wie Shakespeare normalerweise getan :

" Nein, ich weiß es nicht" , sagte ich, " aber es ist auf einer zentralen Idee der Basis

einer meiner Familie, die Schizophrenie und wer sich an die getötet

Alter von 23 Jahren . " Dieser Patient , legte der Mann seine Arme um mich und umarmte

mir und sagte, "es wird alles gut werden ." Er wurde nach meinen Schmerz und ich suchen

dachte , was hier geschah, war nicht nur uns geben , uns war es

Empfang als auch .

Aber vor allem die Beziehung kam von Austausch von Erfahrungen mit der

spielt , dass so viel mit dem Leben der Patienten in Resonanz . Brian Cox

gefunden Lear leichter in Broadmoor spielen als anderswo :

Es war die Leistung, die die Freigabe die ich je hatte , weil es

hatte plötzlich einen Punkt, um es . Da spürte ich plötzlich , dass ich tat

es um eine Gruppe von Leuten , die wirklich verstanden, was Lear Schmerz war

über ... Sie wussten , weil ihre Vorstellungen waren so akut.

Die Aufführungen gab den Patienten die seltene Gelegenheit,

Gegenseitigkeit , etwas zurück zu den Schauspielern , die die Akteure in geben

drehen geschätzt. Clare Higgins, der Gertrude spielte , drückte dies :

... Das Publikum in einer Weise, die ich lange für das Publikum zu reagieren

reagieren in einer Art und Weise und Gefühl in einer sehr offenen Weise . Als wir in Richtung kam das Ende des Spiels , nahm ich Gefühle von diesem Publikum, dass ich

normalerweise nie abholen im Theater. Sie sind einfach bereit, schien

überqueren die Bühne Linie , und Teil des Spiels sein: Es war eine Menge

Trauer in den Raum , und Schmerz und Reue , und sie schien zu sein,

Drücken der Play zu Ende mit uns. Ich fand es außergewöhnlich,

denn ich glaube nicht, dass viele Menschen in diesem Raum waren intim mit der

zu spielen, oder wusste, wie es enden würde . Aber sie schien einfach zu rollen

mit ihm, mit uns , bis zum Ende. Es war ein schönes Gefühl. Ich habe noch nie

hatte , dass mit einem Publikum vor - dass alle von uns zusammen sahen

das Spiel durch .

Mark Rylance sprach über seine eigene Reaktion auf einen Zwischenruf während

Ophelias Beerdigung , eine Antwort , in der Schauspieler und Hamlet zusammengeführt werden :

Es war eine tolle Zeit , wenn ich sagte Laertes , "Ich liebte Ophelia .

Vierzigtausend Brüder konnten nicht alle ihre Menge der Liebe machen

meine Summe . " Und einer der Patienten stand vor und sagte: " Ich glaube,

Sie " . Mein Herz wirklich und Tränen in meine Augen überschwemmt erstickt , und ich

Oh, ich dachte , wirklich nötig , dass jemand zu sagen ... Ich wusste nicht, wie

viel ich brauchte, um geglaubt zu werden. " ... Ich fühlte mich ja, nur jemand wie Sie

verstehen würde. Vielleicht ist das Teil, warum ich gehen wollte - oder

Hamlet in mich gehen wollte ; ein Gefühl, das die Menschen verstehen würden .

Sowie das zurück geben , gab es auch einige gegenseitige Respekt. Marke

Rylance , der Hamlet gespielt , zu hoffen, dass die Tatsache, die Schauspieler hatten

kommen könnte ein Signal senden :

Ich stelle mir etwas in sich selbst war nur das Gefühl, dass wir kamen und

gab , dass die Leistung zu ihnen. Wenn ich irgendwo so und

jemand kam und tat, für mich, ich hätte das Gefühl, dass vielleicht gab es

etwas Gutes in den Menschen , oder dass sie dachte, ich wäre es wert.

Ein Patient sagte, die gemeinsame Erfahrung führte zur Freundschaft :

Schauspieler und Schauspielerinnen kam hierher, als unbekannte Personen und Unternehmen verlassen

Freunde. Der Grund dafür ist, dass wir ... eine Intimität und Einheit teilen

das kann nie woanders erlebt werden.

Mit getötet und uns missbraucht , sind wir in der Lage , zu verstehen, die

Wahnsinn und Gewalt ... in Shakespeares Tragödien , weil es in der Nähe

uns am Herzen. Wir haben nicht zu erraten, was es [ist] wie um zu töten, zu verstümmeln ,

und fühle mich absolute Verzweiflung. Die meisten von uns haben es schon selber .

6 . Die Sorge um Uneigentlichkeit .

Was ist mit dem bereits erwähnten "bezahlten Freunde "-Ausgabe ? gibt es

etwas manipulative oder unecht zu bewusst mit ein

Leistung eines Shakespeare spielen , die Dinge tief in das zu erreichen

Patienten ? Die emotionale Gegenseitigkeit und des gegenseitigen Respekts , der gestartet

wachsen aus der gemeinsamen Nutzung der tiefen Erfahrung Zahl dagegen.

Im Vorfeld einige der Schauspieler hat über manipulativ sorgen oder

gönnerhaft. Mark Rylance drückte dies :

Ich war sehr erschrocken , ich würde sie zu bevormunden ... Sie wissen, sie -

würde denken , na ja, wer sind die Akteure kommen hier vorgibt zu sein

verrückt oder vorgibt, zu ermorden oder zu vergewaltigen, und in diesem Ort zu erhalten

wo ich eigentlich war und wo ich tatsächlich erlittenen alles

Schmerzen, weil der dort zu sein. Ich bekam plötzlich sehr erschrocken über das, was

Ich tat. Welches Recht hatte ich , hierher zu kommen und zu porträtieren Dinge wie

dies für Menschen, die diese Dinge in vielleicht erlebt hatte ihre

Leben ?

Aber das Bewusstsein für sich selbst gemacht Authentizität :

... Das Gefühl ist wie ein Feuer, das Sie überschüssiges Ego verbrannt und alle

die Tricks, die S e sich verlassen würde , und ich fühlte, ich muss unbedingt sein

ehrlich hier . Der Hamlet unbedingt Säure sein , ehrlich ... Es war einer der

diese wunderbaren Momente, die ich nach all der Zeit zu jagen , wenn Sie

fühlen Sie eine Leiter und etwas über Sie kommen , sondern

als Sie sind etwas zu tun. Und ich hatte nicht das Gefühl , dass ich gespielt hatte, die

Teil überhaupt. Ich spürte sie es gespielt. Etwas kollektiven kam durch

mich , durch die Worte . Es wurde sehr wenig "Tun" ; das "Tun" bekam

abgebrannt und es gab mehr Befinden ...

An einer Stelle die Worte sprach er "Foul Taten werden steigen, wenn alle

Erde o'erwhelm ihnen zu den Augen der Menschen " :

Ich sagte, diese Linie zu einem Mann, ich wusste es nicht, aber wer mich angesehen hatte

mit solcher Klarheit , mit nichts als einer absolut geraden Blick. es

fühlte sich sofort , als gäbe es eine sehr sensible Gruppe von Menschen

dort , sehr vorsichtig sein und nicht Missbrauch, nicht hatte , dass man

Vorteil , nur, dass es ihnen so einfach wie man konnte .

Ähnliches Gedanken inspiriert Rebecca Saire Spiel von Ophelia :

Normalerweise wird ein Teil von mir steht auf der einen Seite , die Beurteilung und die mich

Antwort Publikums zu dem, was ich tue. Bei Broadmoor , fand ich, dass

Beobachter Teil von mir angesaugt heranzoomen mit so viel Wahrheit in Konfrontiert

Respekt der Menschen, standen wir vor der Durchführung , ich unterbewusst

klar, ich brauchte 100 % meiner eigenen Wahrheit , sie zu beantworten . Es war, als wenn ich

Ophelia wurde zum ersten Mal spielen .

7 . MENSCHEN HELFEN ENTFERNEN die Blinker und einige Risse in der Wand .

Die hier zitierten Stimmen sind nur ein paar von einem Publikum enthält

fast ein Viertel der Patienten, die Broadmoor . So gibt es auch wahrscheinlich,

haben einige, die weniger reagiert gewesen .

Es gibt eine ganze Psychologie warten darauf, warum manche Menschen kartiert werden

die getan haben, schreckliche Dinge sind besser erreichbar als andere. in seiner

Autobiographie Neben mich , beschreibt Antony Sher , zwei sprechen

Mörder, Gefängnis entlassen, nachdem im Rahmen der Vorbereitung für die Wiedergabe

Macbeth . Ein (" Mark ") hatte ein Glücksspiel -Süchtigen war und tötete seinen besten

Freund und nicht zugeben, dass er das Geld für den Strom verspielt hatte

Rechnung. Er war in einer Weise, die keine Deckschicht der vorgeschlagenen "sensible

Haut " , roh, Zittern, nervig, verfolgt von seinen Verbrechen und die sahen,

sich danach als "Alone . Nackt in der Welt. Immer. " Die andere

("Jimmy") war "ein Glasgower harter Mann , bis auf die Kriminalität gebracht ." Er hatte

tötete einen mutmaßlichen Informanten . "Wenn Jimmy noch nicht erwischt worden , spüren Sie

er hätte es einen zweiten Gedanken nicht gegeben haben . "Er erinnert sich an seine kaum

Verbrechen, sondern ärgert alles über Gefängnis. Sie kamen jeweils zu sehen,

Macbeth . Mark hat es nicht gefallen und wünschte Macbeth selbst hatte mehr gewesen

heroisch. Jimmy ging nach dem Spiel nichts zu sagen . Antony Sher

schrieb: " Ich fürchte, das Schlimmste noch einmal. Dann bekomme ich einen Brief . in Stolper

Sätze sagt er immer wieder , wie bewegt er war. " (Sher, SEITEN 336-559 .)

Es mag seltsam erscheinen , dass das Spiel erreicht , nicht die rohe sensibler Mann

ohne Außenhaut , aber die harte Mann . Vielleicht ist die Härte

Wehrmauer , und Shakespeares Tragödien erreichen manchmal die

gefährdete Person schaut durch die Schlitze ?

Die ansprechende Stimmen nach den Broadmoor Aufführungen variiert

genug , um zu zeigen , dass einige Patienten haben ", geben zurück , was sie erhalten,

von uns als lebende menschliche Emotionen " . Es ist schwer, nicht zu sehen Anzeichen von

wiederbelebt emotionale Wachstum in der Art, wie die Theaterstücke in ihnen erreicht zu

evozieren Gefühle und Reflexionen , und in dem, was das Publikum gab zurück zu

die Schauspieler .

Das Projekt war ein neues Modell , wie man Menschen, deren Welt helfen

in den " sokratischen " Interviews erblickte . Diese Welt ist beschränken . sie

werden in einem engen und starren Moral der Vergeltung , Kongress gesperrt

und Autorität. Prominente in ihrer Welt sind emotionale Ablehnung , Mangel

Anerkennung, Blinker und der Mauer . Die Shakespeare

Leistungen kann begonnen haben, zu erreichen ", das gedämpfte Organ, die

Phantasie " . Vielleicht haben sie den Einschluss ein bisschen weniger drückend gemacht

und ein bisschen leichter zu entkommen.

Aber das Modell hat offensichtliche Einschränkungen. Nicht jeder psychiatrischen Krankenhaus

kann auf die Akteure nicht von dieser Qualität zu zeichnen , und sicher . und was

passiert, wenn sie gegangen sind ? Vier Stücke einen Beitrag leisten kann , aber

es wäre wilden Optimismus sein, dass genug denken, um das Leben eines Menschen drehen

rund, auch wenn die Stücke sind von Shakespeare und von der gehandelt

Die besten Prof s. Das Projekt wird hier als besonders zitiert

eindrucksvoll, aber immer noch als eines unter anderen, nicht als Zauberstab.

Es besteht ein Bedarf für viele Nicht-Standard- Ansätzen zur Wiederbelebung moralischer und

emotionales Wachstum . Die meisten von ihnen werden nicht alle , die gemacht haben, die

Shakespeare Projekt ein Erfolg. Aber es ist erwähnenswerteinige wichtige

Funktionen. Die Schauspieler zeigten Respekt für die Patienten, die durch ihre

Bereitschaft, für sie durchzuführen. Schauspieler und Publikum diskutierten die

spielt auf Augenhöhe , so dass für einige Gegenseitigkeit . Nicht alles war

organisiert. Kontakt in loser Bits ungeplante Zeit führte zu einigen der

besten Momente : Der Schauspieler sagt " nein, danke , Schatz ", wie sie streichelte

des Patienten Arm und Umarmung des Patienten , als Ron Daniels erwähnt

seinen Sohn. (Erving Goffman in Asyle , sagte, dass "unser Status wird gesichert

durch die festen Gebäude der Welt, während unser Gefühl der persönlichen

Identität oft befindet sich in den Rissen " .)

Vielleicht zwei Dinge am meisten zählte . Die Wahl von Shakespeares

Tragödien , nicht leichter und weniger relevante Spiele, bedeutete tief gehen . und

es darauf ankam , dass die Patienten die Chance hatte, etwas zurück zu geben .

Es sollte möglich sein, auch andere Projekte , die tief gehen zu erfinden. und

Gegenseitigkeit sollte auch möglich sein. Ted Hughes kann richtig sein , dass die meisten

Peer von uns durch die Schlitze unserer Abwehrkräfte. Wenn ja, vielleicht diejenigen

uns und die von uns ohne " antisoziale Persönlichkeitsstörung " kann

helfen sich gegenseitig zerschlagen Löcher durch die Mauern .

www.ingramcontent.com/pod-product-compliance
Lightning Source LLC
Chambersburg PA
CBHW060637290526
45793CB00001B/280